高职高专智慧物流与供应链岗课赛证系列教材

"基于中高本一体化人才培养模式的课程内容体系构建及新形态教材开发"
课题研究成果

采购与供应管理

主　编　孙宜彬　宋超超
副主编　党永龙　李　振　罗来根　张晋生
参　编　赵振亚　王　敏　李　滨　曹宝辉　田东池

中国财富出版社有限公司

图书在版编目（CIP）数据

采购与供应管理 / 孙宜彬，宋超超主编 . --北京 ：中国财富出版社有限公司，2024. 11.

ISBN 978 - 7 - 5047 - 8294 - 6

Ⅰ. F253；F252. 2

中国国家版本馆 CIP 数据核字第 2024DF7900 号

策划编辑	李　丽	责任编辑	李　丽	版权编辑	李　洋
责任印制	梁　凡	责任校对	孙丽丽	责任发行	于　宁

出版发行	中国财富出版社有限公司		
社　　址	北京市丰台区南四环西路 188 号 5 区 20 楼	邮政编码	100070
电　　话	010 - 52227588 转 2098（发行部）		010 - 52227588 转 321（总编室）
	010 - 52227566（24 小时读者服务）		010 - 52227588 转 305（质检部）
网　　址	http://www.cfpress.com.cn	排　　版	义春秋
经　　销	新华书店	印　　刷	北京九州迅驰传媒文化有限公司
书　　号	ISBN 978 - 7 - 5047 - 8294 - 6/F・3755		
开　　本	787mm×1092mm　1/16	版　　次	2025 年 1 月第 1 版
印　　张	15. 5	印　　次	2025 年 1 月第 1 次印刷
字　　数	348 千字	定　　价	49. 00 元

前言
PREFACE

党的二十大报告指出："我们提出并贯彻新发展理念，着力推进高质量发展，推动构建新发展格局，实施供给侧结构性改革，制定一系列具有全局性意义的区域重大战略，我国经济实力实现历史性跃升。国内生产总值从五十四万亿元增长到一百一十四万亿元，我国经济总量占世界经济的比重达百分之十八点五，提高七点二个百分点，稳居世界第二位。"另外，党的二十大报告中多处提及教育、社会保障、医疗卫生、住房建设、国际公共产品等公共采购领域的相关内容，为下一步公共采购事业的发展明确了任务、指引了方向。

采购与供应管理在促进经济增长、推动技术创新和产业升级、促进就业和消费、调整市场供求结构、提高财政资金的使用效益、促进公平竞争等方面都具有重要作用，对社会经济发展具有深远影响。对于采购与供应管理而言，其在物流领域中扮演着至关重要的角色，它不仅是物流链的起点，还对整个物流过程的效率、成本及客户满意度产生深远影响。

本书以项目驱动的方式进行编写，通过"岗位分析—项目导读—任务描述—知识链接—任务实施—任务评价"的形式设置课程体系，共有 9 个项目、26 个任务，使学习者通过学习能实现和企业工作岗位的"零距离"。

本书是由高职院校教师和行业企业专家开发的校企合作双元教材，参与本书编写的作者来自高职院校一线教师和行业企业一线专家，对于物流形势发展和采购一线工作流程的把控，有着较为深入的知识储备。本书由山东劳动职业技术学院孙宜彬、宋超超任主编，由云南能源职业技术学院党永龙、山东劳动职业技术学院李振、张晋生，江西现代职业技术学院罗来根任副主编，参与编写的还有甘肃交通职业技术学院赵振亚、山东劳动职业技术学院王敏、江西现代职业技术学院李滨、北京络捷斯特科技发展股份有限公司曹宝辉、山东格朗信息科技有限公司田东池。具体分工如下：孙宜彬负责全书结构设计、统稿，孙宜彬、赵振亚编写项目一；孙宜彬、王敏编写项目九；宋超超编写项目二、项目八；张晋生编写项目三；党永龙编写项目四、项目六；李振编写项目五；罗来根编写项目七；王敏、李滨、曹宝辉、田东池编写任务实施、任务评价及项目六至项目九中牛刀小试的案例分析题。

2024年4月16日，由中国财富出版社有限公司参与申报的课题"基于中高本一体化人才培养模式的课程内容体系构建及新形态教材开发"经中国物流学会、教育部高等学校物流管理与工程类专业教学指导委员会、全国物流职业教育教学指导委员会组织的专家评审并进行综合评议，立项通过。为深入推进课题研究，在编写本书的过程中，编者与课题组成员进行对接，就如何进行中高本衔接，确保学生在不同阶段的学习中能够顺利过渡，减少知识断层和重复学习的情况，实现教育的连贯性和整体性进行了深入的探讨，并以新形态教材的出版形成课题研究成果。在本书的编写过程中，编者参考了一些文献资料，引用了一些专家学者的研究成果，在此向文献资料中的作者表示诚挚的谢意！此外，为方便教师教学，本教材配有电子课件及习题的参考答案（电子版）等。请有需求的读者登录中国财富出版社官网（www.cfpress.com.cn）下载或扫描下方二维码获取。由于编写人员阅历、水平所限，书中疏漏与不当之处在所难免，敬请有关专家和读者批评指正。

编　者

扫码获取

更多资料

目录
CONTENTS

01
PROJ

项目一
采购与供应管理
概述

◎ **知识目标**
- 掌握采购、供应、采购组织、采购决策等的定义。
- 了解工业采购和消费采购的特点、集中采购和分散采购的特征。
- 了解采购和供应的区别和联系、采购的 5R 原则。
- 理解采购的功能、地位和作用。
- 掌握采购组织的结构形式、采购组织在企业中的隶属关系、采购决策的内容。

※ **能力目标**
- 能够对采购的流程、作用、形式和内容进行分析。
- 能够对采购组织的形式、建立采购管理组织的步骤和采购组织在企业中的隶属关系进行分析。
- 能够对采购价格决策、采购品种、规格决策和采购供应商决策进行分析。

❋ **思政目标**
- 培养学生不负韶华、不负时代的爱国情怀，激发学生的奋斗精神。
- 培养学生铸大国重器、成栋梁之材的意识，增强学生对民族发展进步的自豪感。
- 培养学生的社会主义核心价值观，增强学生社会责任感。
- 培养学生的劳模精神和工匠精神，增强学生劳动意识。

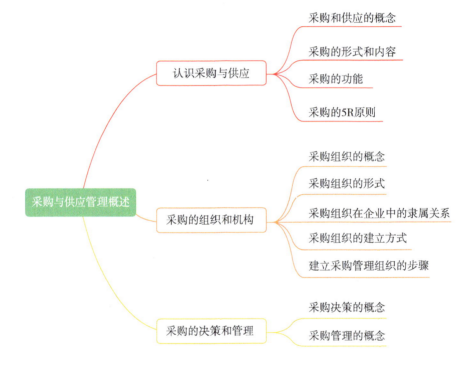

采购与供应管理概述

认识采购与供应
- 采购和供应的概念
- 采购的形式和内容
- 采购的功能
- 采购的5R原则

采购的组织和机构
- 采购组织的概念
- 采购组织的形式
- 采购组织在企业中的隶属关系
- 采购组织的建立方式
- 建立采购管理组织的步骤

采购的决策和管理
- 采购决策的概念
- 采购管理的概念

 **岗位分析**

岗位1：采购业务员

岗位职责： 熟悉公司的采购流程和方法，具备一定的采购知识；具备良好的沟通能力和业务拓展能力，能够独立完成采购工作；熟练使用互联网采购工具和办公软件，了解行业动态和市场信息。

典型工作任务： 信息收集与分析；业务沟通；制定采购流程。

职业素质： 具有责任心和团队合作精神，能够与其他部门的同事合作。

职业能力： 根据公司业务需求，对产品进行调研，并制定采购方案，确保采购产品的质量和数量。

可持续发展能力： 能与其他部门进行沟通和协调，完成采购任务。

岗位2：电商采购业务员

岗位职责： 负责产品供应链开发，开展前期的市场调查、市场信息收集和调研；监控所负责产品的流量、营销、交易等数据。

典型工作任务： 通过数据分析商品销售情况，预测商品销售趋势，制定销售方案，促进目标达成。

职业素质： 具有良好的商品识别、开发和谈判能力，以及数据分析能力和逻辑思维能力。

职业能力： 定期针对推广效果进行跟踪、评估，提交推广效果的统计分析报表，并及时给出切实可行的改进方案。

可持续发展能力： 擅长跨部门沟通，具备良好的人际关系处理能力。

 项目导读

党的二十大报告指出："我们提出并贯彻新发展理念，着力推进高质量发展，推动构建新发展格局，实施供给侧结构性改革，制定一系列具有全局性意义的区域重大战略，我国经济实力实现历史性跃升。国内生产总值从五十四万亿元增长到一百一十四万亿元，我国经济总量占世界经济的比重达百分之十八点五，提高七点二个百分点，稳居世界第二位；人均国内生产总值从三万九千八百元增加到八万一千元。"党的二十大报告中提及教育、社会保障、医疗卫生、住房建设、国际公共产品等公共采购领域的相关内容，为下一步公共采购事业的发展明确了任务、指引了方向。

在全球采购和供应链快速发展的今天，AI、大数据、物联网、互联网金融、区块链等新兴技术或概念层出不穷，使人目不暇接。在如今这个信息"爆炸"的时代，我们每一个人都置身于汹涌的信息海洋中。面对海量的、碎片化的信息和数据，如何筛选出对我们个人和所从事行业真正有价值、系统化的信息，成为一项至关重要的挑战。我国制造业对于实体经济而言是关键的支撑点，随着全球工业 4.0 和智能制造的浪潮席卷而来，无论是主动拥抱还是被动接受，产业升级和内部增效已成为企业发展的重要课题。在这个过程中，如何运用最先进的理论和实践来指导企业实现跨越式发展，就显得尤为重要。

在当前复杂多变的经济环境中，我国制造业正面临着多重挑战。一方面，随着人口红利的逐渐消退，劳动力成本上升，给企业带来不小的成本压力。另一方面，国际分工的进一步细化使得市场竞争更加激烈，企业需要在全球范围内寻找竞争优势。同时，高科技领域的竞争日趋激烈，要求制造业在技术创新和产品升级上不断突破。

在这样的背景下，许多大中型制造业企业开始意识到，优化和变革采购与供应链管理体系是应对挑战、提升竞争力的关键。他们急需找到一种方法，能够将原材料供应商与终端消费者紧密连接起来，实现库存的最小化、营销的精准化、生产周期的缩短化，从而达到生产效率的最优化和商业利益的最大化。

任务一　认识采购与供应

任务描述

婴儿食品采购的降本增效之路

某生产婴儿食品的大型公司过去每年在采购方面的开支接近 8 亿美元。由于处在一个高利润的行业，因此该公司对采购成本的管理并不重视，而且这种详细的审查在一个快速发展的经济环境中似乎并不重要。

认识采购

然而，当经济开始回调、市场增长减缓时，该公司终于意识到降本增效的必要性了。由于过去几年的采购过程未经严格的管理，因此现在看来，采购方面无疑是挖潜的首要方向。

该公司首先从保养、维修及运营成本入手，并很快做出决定：请专家制定了一套电子采购策略。这一做法旨在通过集中购买及削减大量的企业一般行政管理费用来达到节省开支的目的。然而在最后的分析中，节省的效果并未达到该公司的预期。

为了寻求更佳的节省效果，该公司开始转向其主要商品，如原料、纸盒、罐头及标签。公司分析了可能影响到采购成本的所有因素，包括市场预测、运输、产品规格的地区差异、谈判技巧及与供应商的关系等。

通过深入的调查，一些问题开始浮出水面。结果显示，在材料设计、公司使用的供应商数量和类型、谈判技巧、运输方面均存在相当明显的缺陷。

公司采购的谈判效率不尽如人意。工作人员对是否应该争取有利的谈判地位并不关心，而且公司对供应商所处行业的经济状况或成本结构的研究几乎是空白。因此，采购经理极少对现状提出疑问。采购经理通常习惯于在一个垂直一体化的卖家手中购买各种原料，而不是去寻找每种原料最佳的供应商。

公司几乎从不将自己的采购成本与竞争对手的采购成本进行比较。公司缺乏将营销及采购部门制度化地集合在一起的机制。这意味着，公司没有对市场营销所需要的材料的成本和收益进行评估的系统。

公司节省成本的机制不灵活，即使当采购经理发现了节省成本的机会（可能需要改变机器规格或操作流程），他们也很难让整个公司切实实施自己的想法。任何一次对系统的调整所耗去的时间都会比实际需要的时间长得多。当意识到未能进行采购成本管理而造成的诸多损失时，公司开始对这个问题进行全面的管理。

公司设定了商品的优先次序，随后进行了一系列成本收益的统计，并运用六西格玛指标对竞争对手的情况进行了比较并确定了积极有效的谈判策略。

在这些方面做好精心准备是非常重要的，对于大多数商品而言，70%的成本是由产品特质决定的，30%才是由供应商的竞争力决定的。

例如，公司发现在购买一种主要原料时，其供应商的要价是最高的。在对供应商的成本结构进行分析后，公司发现供应商是在其自身相对较高的成本基础上给产品定价的，对于该供应商而言这一定价确实已是不能再低了。

于是，公司对其他供应商的成本结构进行了研究，这是十分复杂的"侦察"工作，研究中除了涉及一些普通的要素，还将诸如农场位置、精炼设施、电力和劳动力成本及企业规模等因素考虑在内。

研究结果显示，有一些公司的成本结构使它们能够以较低的价格出售产品，从而占据有利的市场地位。

公司对与其合作的一家"一站式"供应商进行了研究，这家供应商不仅供应纸盒，还生产纸盒用的纸张并承揽纸盒印刷业务。经过对其他纸张及印刷业厂家成本的研究，公司发现，其实能够以较低的价格买到纸张并进行印刷。

当公司在谈判中指出这一点时，供应商不得不降低了产品的价格，否则它将失去该公司的生意。事实证明，解剖纵向供应链以研究分散的成本是一种有价值的谈判手段。

这些工作的结果是公司原料成本节省了12%，节省下来的这些钱被平分至产品规格的改进及谈判技巧的完善工作上。此外，为了控制流失的采购成本，公司需要一个整体采购战略，这一战略包括优化产品的规格及与强硬的供应商进行谈判。

要求：请以项目组为单位，认真阅读案例，分别从采购的流程、采购的作用等环节所涉及的采购和供应要点对案例进行分析，完成"任务实施"中的问题。

知识链接

✤ 知识点 1：采购和供应的概念

1. 认识采购

采购一般是指从多个对象中选择、购买物品的行为过程。采购的对象既可以是市场、厂家、商店，也可以是物品。采购的选择包含查找、比较分析和决定。在这个过程中，采购是通过商品交换和物流手段从资源市场取得资源的，所以采购既是商流过程，也是物流过程。

根据物料获取途径的不同，采购有狭义和广义之分。狭义的采购就是买东西，企业根据需求提出采购计划，审核计划，选好供应商，经过商务谈判确定价格、交货及相关条件，最终签订合同并按要求收货、付款的全过程。广义的采购是指除了以购买的方式占有物品，还可以通过租赁、借贷、交换三种途径取得物品的使用权，来达到满足需求的目的。

> ➢ 所有采购都是从资源市场获取资源的过程。
> ➢ 采购既是一个商流过程，也是一个物流过程。
> ➢ 采购是一种经济活动。

2. 认识供应

供应通常指的是为满足特定需求或需求集合而提供所需的资源、物品、服务或信息。在经济和商业领域中，供应指的是生产者愿意并且能够在一定时期内、在各种价格水平上提供出售的某种商品或服务的数量。在供需关系中，供应与需求是相对的。当供应超过需求时，市场可能面临价格下降或库存积压的问题，而当需求超过供应时，市场则可能出现价格上涨或短缺的情况。在供应链管理中，供应涉及确保原材料、零部件等物品在正确的时间、正确的地点和正确的数量下可用，以满足生产或分销的需求，这包括与供应商建立合作关系、管理库存、确保物流顺畅等。

此外，在公共服务和日常生活中，供应也广泛存在。例如，电力、水和天然气的供应确保居民和企业的基本需求得到满足；食品供应则是提供足够的食物以满足人们的饮食需求。

总之，"供应"是一个涵盖广泛的概念，涉及经济、商业、物流、公共服务等多个领域，并且是确保市场正常运行和满足人们需求的关键因素之一。

采购与供应是两个相辅相成的概念，只有存在采购，表明存在需求，供应才显得有意义，如果没有供应，也采购不到物品。

✤ **知识点 2：采购的形式和内容**

采购作为一种获取外部资源的行为，它的形式多种多样，可以根据不同的需求和条件选择适合的采购方式。

1. 根据采购物品用途的不同分类

（1）工业采购。工业采购通常是指企业为了生产和经营活动的正常进行而进行的采购行为。工业采购通常在一次采购后便与供应商建立长期合作关系；工业采购通常是多人参与，有固定程序，采购量较大，价格稳定。这种采购行为的目的主要是为了保证企业生产和经营活动的正常进行。相较于消费采购，工业采购具有以下几个特点。

①量大、周期长：工业采购一般涉及大量的货物和较长的采购周期，而且通常需要与供应商建立长期的合作关系，以确保企业能够及时获取必要的材料和设备。

②技术含量高：许多工业采购需要具备一定的技术内容，如机器设备或高校专业培训所需的实验仪器，因此在采购过程中需要对其质量和性能进行严格的检查和评估。

③数量波动大：由于生产和运营过程中的波动性，工业采购数量也会出现较大的波动，这就需要采购部门有能力及时适应这种变化，并灵活调整采购计划。

④价格波动大：由于市场竞争和原材料等外部因素，工业采购价格往往存在较大的波

动，这就需要采购部门及时掌握市场信息，并采取相应的措施调整价格。

⑤高度专业化：工业采购需要具备一定的专业知识和技能，如熟悉不同原材料、机器设备等的特性和用途，以便合理选择供应商和产品。

工业采购的流程通常包括明确采购需求、寻找供应商、询价比价、签订合同、采购执行以及验收入库等步骤。通过这些步骤，企业能够确保获得满足其生产和经营所需要的产品和服务。

（2）消费采购。消费采购通常是指个人为了满足日常生活所需的物品和服务，按一定价格同某些团体进行的业务活动。这种采购行为与个人消费需求紧密相关。与工业采购有所不同，工业采购通常是企业为了经营和生产对所需产品和服务而进行的交易活动，而消费采购则主要是满足个人的消费需求。

在消费采购中，根据产品的性质和消费者的购买行为，可以将其分为不同的类型，如习惯型购买行为、变换型购买行为、协调型购买行为和复杂购买行为。这些不同类型的购买行为反映了消费者对产品的认知、态度及购买决策过程的不同。与工业采购相比，消费采购具有以下特点。

①目的不同：工业采购的商品是为了再生产，而消费采购主要是为满足个人的消费需求。

②与供应商关系不同：工业采购往往在一次采购以后便同供应商建立起长期的合作关系，而消费采购与供应商之间的随意性很强。

③采购动机不同：工业采购的动机是理性的，是多人参与的，是程序化的过程；而消费采购的动机带有明显的个人喜好，随意性比较大。

④采购数量不同：工业采购的采购数量比较大，价格较稳定，而消费采购的采购量比较小。

2. 根据采购输出的结果分类

（1）有形采购。有形采购的输出结果是有形的物品，具体来说，有形采购可以细分为以下几种类型。

①原料采购：原料采购是指采购直接用于生产的原材料，如为生产电视机采购显像管、电阻等原材料。

②辅料采购：辅料采购是指在产品制造过程中，除原材料之外所耗费的材料的采购，如服装厂购买的纽扣或拉链，公司购买机械制品上的螺丝等。

③机具及设备采购：机具及设备采购指采购制造产品的主要工具或提供生产环境所不可缺少的设施，如购买生产线上的机器设备等。

④事务用品采购：事务用品采购主要是指工作人员采购在文书作业上所需的设施与文具、纸张及其他杂项。

（2）无形采购。无形采购的输出结果是无形的物品或服务，具体来说，无形采购包括以下几点。

①咨询服务采购：例如，聘请专业机构提供会计服务、管理咨询、法律咨询等。

②技术采购：取得能够正确操作和使用机器、设备、原料的专业知识，包括取得软件、专利技术等。

③服务采购：服务是在合同的基础上由第三方（供应商、承包商、工程公司）完成的活动，包括清洁服务、雇佣临时劳务、安装服务、培训服务、维修服务、升级服务等。

④工程发包：包括厂房、办公室等建筑物的建设与修缮，以及配管工程、动力配线工程、空调或保温工程及仪表安装工程等。

无形采购一般不单独进行，而是随着有形商品采购而发生。在采购过程中，采购人员需要根据企业的不同需求，选择在特定方面具有优势的专业服务供应商。

3. 按采购制度分类

（1）集中采购。集中采购是指将一个或多个企业在采购物品或服务时的需求集中到一起，从而形成较大规模的采购需求，以增强采购的议价能力、降低采购成本、提高采购效率的一种采购方式。集中采购通常由专门的采购部门或采购机构负责实施，其主要特点包括以下几点。

①形成规模优势：通过将不同需求主体的同类工程、货物和服务需求进行整合归并，形成集中批量采购的规模优势，从而获得更优惠的价格和更好的服务质量。

②提高采购效率：通过集中采购，可以减少采购过程中的重复劳动和浪费，提高采购效率，缩短采购周期。

③降低采购成本：由于采购规模的扩大，采购方在谈判和议价中拥有更大的话语权，能够获得更优惠的价格和更优质的服务，从而降低采购成本。

集中采购通常适用于通用性的项目，以及社会关注程度较高、影响较大的特定商品、大型工程和重要服务类项目。在政府采购中，集中采购包括集中采购机构采购和部门集中采购两种方式。目录内属于通用的政府采购项目，应当委托集中采购机构代理采购；属于本部门、本系统有特殊要求的项目，应当实行部门集中采购。

此外，集中采购有另外一层含义，即同一企业内部或同一企业集团内部的采购管理集中化的趋势。企业通过对同一类材料进行集中化采购，可以降低采购成本，提高采购效率。

（2）分散采购。分散采购是指由企业下属各单位，如子公司、分厂、车间或分店等，根据自身生产经营需要而实施的采购。这种采购方式是在集中采购目录之外，且采购金额超过一定限额标准时进行的非集中采购。

分散采购可以由各单位自己组织，也可以委托采购代理机构进行，无论是哪种形式，都必须遵循企业采购的相关制度和程序，确保采购活动的公正、透明和高效。

分散采购具有灵活性、及时性和多样性等特点。由于各单位可以根据自身需要进行采购，因此可以更加灵活地选择采购方式、时间和地点，及时满足生产经营的需求。同时，由于采购的多样性，分散采购的内容可以涵盖各种不同的货物、工程和服务，更好地满足企业的多元化需求。

然而，分散采购存在一些潜在的问题。由于各单位自行采购，可能导致采购成本增加、采购质量难以保证、采购过程不透明等问题。因此，企业需要建立完善的采购管理制度，加强对分散采购的监管和管理，确保采购活动的合规性和有效性。

总之，分散采购是一种重要的采购方式，企业可以根据自身的需求和情况进行灵活选择，但在实施过程中需要加强管理，确保采购活动的合规性和有效性。

（3）混合采购。混合采购是指部分需求由一个部门统一集中采购，部分采购由需求单位自己进行，即集中采购与分散采购相结合的采购方式。

混合采购的基本原理是根据规模经济效益决定需要集中采购和分散采购的产品或服务。一般情况下，大型公司的实体商品倾向于集中采购方式，如食品生产商采购食糖，汽车制造商采购钢铁等原材料时一般采用集中采购。但如果子公司具有强大的讨价还价能力，也可以采用分散采购，这种方式可以利用不同市场的价格差异寻找套利的机会，减少国际市场的价格波动。

混合采购并不是一种独立的采购模式，它同时具备集中化采购和分散化采购的特点。混合采购既能从整体上控制采购资金使用，又兼具灵活性，使企业能够根据自身情况，灵活选择采购方式，满足不同的采购需求。

4. 按采购价格确定方式分类

（1）招标采购。招标采购是指采购方作为招标方，事先提出采购的条件和要求，邀请众多企业参加投标，然后由采购方按照规定的程序和标准一次性地从中择优选择交易对象，并与提出最有利条件的投标方签订协议的过程。整个过程要求公开、公正和择优。招标是招标采购工作的基础，也是招标采购的准备工作。招标工作的质量，直接影响到采购的质量和进度。

招标采购一般可分为竞争性招标采购和限制性招标采购。竞争性招标采购是指采购单位向社会公开征询报价并通过多家供货商之间的竞争，最终确定最合理的供货商、最优的供货物资和优惠的供应价格，签订采购合同的一种采购方式。限制性招标采购是指采购单位不发布采购公告而直接邀请特定供应商进行投标的采购方式。

招标采购具有公开性、公平性、公正性、一次性、规范性等特点。在招标采购中，招标人不得以不合理的条件限制或者排斥潜在投标人，不得对潜在投标人实行歧视待遇。

（2）询价采购。询价采购是指采购人向有关供应商发出询价单让其报价，在报价基础上进行比较并确定最优供应商的一种采购方式。这种采购方式通常适用于采购的货物规格和标准统一、现货货源充足且价格变化幅度小的政府采购项目，它既能满足采购单位的一些数量不多、金额较小、时间要求紧的采购需求，也能有效地节约采购过程的成本。

询价采购可以分为询价直接采购和询价招标两种方式。询价直接采购是指采购方直接向几家供应商发送询价函或通过电话询价，以获取供应商的报价，并在比较后选择一家或数家供应商进行采购。这种采购方式通常适用于采购量较小、紧急或采购周期较短的情况。询价招标则是通过在采购平台或其他媒介上发布询价公告，邀请符合条件的供应商参加报价，并在比较后选择一家或数家供应商进行采购。这种方式通常适用于采购量较大、较为复杂的情况，以便更好地保证采购的品质和价格的合理性。

在进行询价采购时，采购方应注意询价信息公开面的广度，确保信息的公正性和透明度。同时，要避免滥用、错用和乱用询价方式，确保采购活动的规范性和有效性。

（3）比价采购。比价采购是指在采购过程中进行的一种价格比较和分析的采购策略，旨在确保采购方以最低的成本获得所需的产品、服务或工程。这种采购方法通常涉及对多个供应商提供的报价、质量、交货期、售后服务等进行综合评估和比较，以选择最佳的供应商和采购方案。

比价采购的优势：降低成本，通过比较不同供应商的报价，采购方可以选择价格最优惠的供应商，从而降低采购成本；提高采购效率，比价采购能够促使供应商之间的竞争，提高采购过程的效率和透明度；保障质量，在比较供应商时，采购方可以综合考虑价格、质量等因素，确保所采购的产品或服务符合质量要求。

然而，比价采购存在一些挑战和限制，如供应商信息的准确性和完整性、采购方的议价能力等。因此，在实际操作中，采购方需要根据具体情况灵活运用比价采购策略，并结合其他采购方式来实现最佳采购效果。

（4）议价采购。议价采购是指采购方与供应商之间通过协商、谈判等方式，就采购的货物、服务或工程的价格、质量、交货期等条款进行商讨，并最终达成双方均可接受的采购协议的过程。

在议价采购中，采购方通常会根据自己的需求和预算向供应商提出初步要求，包括产品规格、数量、质量要求、交货期限等。然后，供应商会根据自己的实际情况和市场竞争状况，提出相应的报价和供应条件。

接下来，采购方和供应商会进入谈判阶段，双方就价格、交货期、支付方式、售后服务等关键条款进行深入的讨论和协商。在这个过程中，双方会充分考虑各自的利益和需求，通过让步、妥协等方式，寻求最佳的平衡点，最终达成双方均可接受的采购协议。

议价采购的优势在于它可以根据采购方的具体需求和预算，灵活调整采购条款和条件，以满足双方的利益和需求。同时，通过谈判协商，采购方可以更好地了解供应商的生产能力、技术水平和市场状况，从而做出更明智的采购决策。

然而，议价采购存在一些挑战和风险。首先，谈判过程需要耗费大量的时间和精力，对于时间紧迫的采购项目来说不太适用。其次，谈判结果受到双方谈判技巧和议价能力的影响，如果采购方缺乏谈判经验或技巧，可能会导致谈判结果不尽人意。此外，如果供应商

之间存在激烈的竞争，采购方可能需要在谈判中做出较大的让步才能获得更好的采购条件。

因此，在进行议价采购时，采购方需要做好充分的市场调研和准备工作，了解供应商的实际情况和市场状况，制订合理的采购计划和谈判策略，并在谈判过程中保持冷静、客观和公正的态度，以确保最终达成符合双方利益的采购协议。

（5）定价采购。定价采购是指大的采购商拥有定价权，采用定价的方式进行采购。在采购过程中，采购方通过某种方式与供应商之间确定所需采购的物品和服务价格。这个过程通常包括明确采购需求、收集市场信息、制定定价策略、与供应商谈判以及确定最终价格并签订合同等步骤。

定价采购的优点主要体现在成本控制、稳定性和供应链管理等方面。由于价格是固定的，采购方可以更容易地预测和控制成本。同时，供应商与采购方之间可以建立更稳定的合作关系，确保可靠供货，并且采购方可以向客户提供更稳定的价格，不受市场波动的影响，具体的定价采购方式和策略因行业、市场状况及采购商的具体需求而有所不同。

5. 按采购地区分类

（1）国内采购。国内采购是指企业以本币向国内的供应商购买生产或非生产用物资的活动。在这个过程中，企业会遵循一定的采购流程，与国内的供应商建立合作关系，以满足其日常运营和生产的需要。

国内采购活动主要在本国范围内进行，企业与供应商之间的地理距离相对较近，便于沟通和协调。由于是本国交易，不涉及外汇兑换，企业可以避免汇率波动带来的风险和损失，同时简化了支付流程。企业对于国内的法律法规较为熟悉，能够遵守相关规定，降低法律风险。由于供应商所在位置位于国内，物流和配送通常更加迅速和便捷，有助于降低库存成本和提高运营效率。国内供应商数量众多，企业可以根据自身需求选择适合的供应商，建立长期稳定的合作关系。

（2）国际采购。国际采购是指企业基于全球资源的最优配置，利用全球资源，在全世界范围内寻找供应商，寻找质量最好、价格合理的产品（货物与服务）。国际采购是跨国企业生产经营活动中的一个重要环节，也是跨国企业配置全球资源、实现全球生产布局、促进跨国企业内部贸易及获取规模经济效益和范围经济效益的重要手段。

国际采购不再局限于一个国家或一个地区，而是扩展到全球范围，这使企业可以接触到更多的供应商和选择更多的产品。由于涉及不同国家的法律、文化、语言、货币和运输等问题，国际采购的过程通常比国内采购更为复杂。在国际采购中，企业面临汇率风险、政治风险、运输风险等多种风险，因此风险管理显得尤为重要。国际采购有助于企业优化全球供应链，降低成本，提高竞争力。

在国际采购中，企业通常会采取不同的采购方式，如多元化采购、集中采购、长期合同采购等，以确保采购活动的顺利进行。同时，企业需要建立一套完善的国际采购管理体系，包括供应商管理、合同管理、物流管理等，以确保采购活动的规范性和有效性。

✤ 知识点 3：采购的功能

采购的功能主要体现在以下几个方面。

（1）降低成本。通过有效的采购管理，企业可以争取到更优惠的价格，降低产品的制造成本，提高企业的盈利能力。同时，通过合理的库存管理和供应链管理，企业可以减少资金占用和库存积压，降低企业的运营成本。

（2）提高采购效率。采购管理可以整合企业的采购需求，形成规模优势，提高采购效率。通过集中采购或混合采购，企业可以更有效地管理采购过程，缩短采购周期，提高采购效率。

（3）确保产品和服务的质量。高效的采购管理可以确保企业所购买的产品和服务的质量。通过对供应商的质量评估和筛选，以及对采购过程的严格控制，可以确保产品和服务的质量符合企业的要求。

（4）风险管理。采购管理在企业的风险管理中发挥着重要作用。通过对供应商的风险评估和多元化采购渠道的建立，可以降低企业在供应链中的单一风险。同时，通过合同管理和供应商管理，可以避免合同纠纷和供应商风险，确保企业的正常运营。

（5）供应链管理。采购管理在整个供应链中扮演着重要的角色。通过采购管理，企业可以高效地协调、管理和组织企业的订单、库存、货物的流动及递送等事务，建立高效的供应链体系，提高资金周转率。

（6）采购交易管理。采购交易管理是电子商务系统的重要功能之一，包括采购计划管理、采购寻源、网上比价等具体功能。通过采购交易管理，企业可以实现对采购需求信息和供应商的整合、传递、分析和比较，达成采购结果。

总的来说，采购的功能涵盖了企业从获取所需产品和服务到优化供应链、降低成本、提高采购效率、确保质量、管理风险等多个方面。它通过精细的规划和管理，帮助企业在激烈的市场竞争中保持优势。

✤ 知识点 4：采购的 5R 原则

采购的 5R 原则是在采购过程中指导采购决策和活动的五个核心原则：适时、适质、适量、适价、适地。它们确保了采购的效率、质量、成本效益和供应链稳定性。

1. 适时（Right Time）

适时意味着在正确的时间点进行采购。采购活动应根据企业的实际需求和市场供应状况来安排，以确保物料或服务在需要时能够及时供应。过早的采购可能导致库存积压和资金占用，而过晚的采购则可能导致生产中断或无法满足市场需求。

2. 适质（Right Quality）

适质要求采购的物料或服务符合预定的质量标准。采购人员应与供应商明确质量要求和检验标准，并在采购合同中规定相应的质量保证条款。通过确保采购物料或服务的质量，可以提高企业的生产效率和产品质量，提高客户满意度。

3. 适量（Right Quantity）

适量强调根据实际需求确定合理的采购数量。采购人员应根据企业的生产计划、库存管理和市场需求等因素，制订合理的采购计划。适量的采购可以避免库存积压和资金占用，同时确保生产的连续性和市场的供应需求。

4. 适价（Right Price）

适价要求以合理的价格进行采购，确保采购成本的优化。采购人员应具备较强的谈判能力和市场洞察力，能够获取最优的采购价格。同时，采购人员需要考虑物料或服务的价值、质量、交货期等因素，进行综合权衡，以实现采购成本的最小化。

5. 适地（Right Place）

适地要求选择合适的供应商和采购地点。这需要考虑供应商的地理位置、运输成本、政策环境、交货期等因素。通过选择合适的供应商和采购地点，可以降低运输成本、缩短交货期、提高供应链稳定性，并有助于与供应商建立长期稳定的合作关系。

采购的5R原则是一个综合性的指导框架，它要求采购人员在采购过程中综合考虑时间、质量、数量、价格和地点等因素，以实现采购活动的整体优化。通过遵循这些原则，企业可以提高采购效率、降低成本、增强供应链的稳定性和灵活性，进而提升企业的竞争力和市场地位。

> ➤ 5R原则意为5R rule，意义为适时（Right Time）、适质（Right Quality）、适量（Right Quantity）、适价（Right Price）、适地（Right Place）。
> ➤ 5R原则是指在适当的时候以适当的价格从适当的供应商处买回所需数量物品的活动，目的是使采购效益最大化。

👆 任务实施

阅读"任务描述"，回答以下问题。

1. 对于该婴儿食品公司而言，采购的重要性体现在哪些方面？

_____

_____

2. 该婴儿食品公司的采购和供应商的供应相比，采购和供应的具体差别表现在哪些地方？

_____

_____

_____

3. 你觉得该婴儿食品公司的采购，在集中采购和分散采购方面，其优缺点分别是什么？

_____

_____

_____

4. 各组派 1 名代表上台进行分享。

 任务评价

在完成上述任务后，教师组织三方评价，并对学生任务执行情况进行点评。学生完成考核评价表（见表 1-1）的填写。

表 1-1　　　　　　　　　　　　考核评价表

班级		团队名称		学生姓名	
团队成员					
考评项目		分值	要求	学生自评（30%）	团队互评（30%）	教师评定（40%）
知识能力	对采购的流程分析	20 分	分析正确			
	对采购的作用分析	20 分	分析正确			
	对采购的形式和内容分析	30 分	分析合理			
职业素养	文明礼仪	10 分	形象端庄文明用语			
	团队协作	10 分	相互协作互帮互助			
	工作态度	10 分	严谨认真			
成绩评定		100 分				
心得体会						

任务二　采购的组织和机构

**任务描述**

沈阳汽车制造厂的采购组织

采购的组织

　　沈阳汽车制造厂隶属一汽金杯汽车股份有限公司所属主机厂。自1958年建厂以来，几经改造，不断发展壮大，成为我国汽车行业的骨干企业。该厂主要产品是轻型载货汽车，型号有1020（一吨级）、1043（二吨级）和1050（三吨级）、1060（三吨级）三大系列七十余个品种。在采购管理方面，沈阳汽车制造厂的采购管理模式完全沿袭了传统国有大中型企业的管理模式。

　　长期以来，在沈阳汽车制造厂，采购工作一直被认为是辅助性的工作。采购工作需要与制造、科研、销售、财务等多个部门紧密合作。

　　尽管原材料采购的成本占汽车总成本的50%以上，但采购工作却一直得不到关注。企业的领导层并没有认识到要保持产品的市场竞争优势，班子成员随意干涉采购具体业务，采购程序不规范，而且没有约束机制。从组织机构来看，配套处和供销处作为采购的职能部门，归口管理却是副厂长，没有专职负责采购质量和技术开发的人员与之配合，采购职能分散在全厂的多个部门，没有统一的采购系统，无法实行集中管理，从而无法提高采购质量，降低采购成本。

　　从采购程序和供应商管理程序来看，企业的具体采购制度不够完善。一方面，企业对大宗、中宗和小宗物资的采购没有具体的界定，何时采取招标采购、何时采用密封报价、何时沿用竞价采购没有明确的规定。另一方面，企业对如何采用定点采购、定点定价定量采购以及向直销商直接采购也没有明确的要求。其对供应商的选择与评估，没有按照ISO/QS9000质量体系的要求，建立科学的定期评审供应商质量保证能力的制度和配套件主产审批程序，因此，无法提高整车的质量。沈阳汽车制造厂组织机构如图1-1所示。

　　要求：请以项目组为单位，认真阅读案例，对沈阳汽车制造厂的现有采购组织结构存在的问题进行分析，完成"任务实施"中的问题。

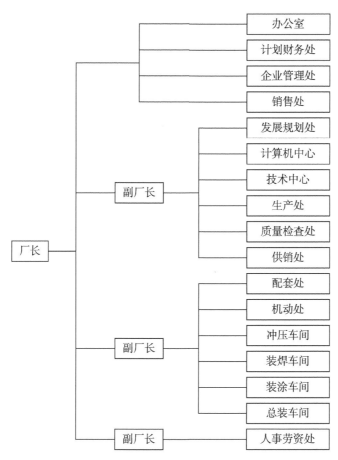

图 1-1　沈阳汽车制造厂组织机构

知识链接

❖ **知识点 1：采购组织的概念**

1. 认识采购组织

采购组织是指为了完成企业的采购任务、保证企业生产经营活动顺利进行而建立的组织。采购组织是采购活动的主体，其目标是确保采购活动的顺利进行，满足企业的物料需求，同时降低采购成本，提高采购效率。

采购组织的主要任务是确保企业能够获取所需的物资、设备、服务或其他资源，以满足其生产、运营或管理的需求。采购组织在企业管理中扮演着重要的角色，它涉及企业的供应链管理、成本控制、质量控制等多个方面。

采购组织的设立，其主要的问题是如何去配合企业的生产经营目标，以及如何与其他部门协调配合。采购组织不单要了解本身业务的特质，还需随时注意各部门间的协调配合，以便能及时获得有效的供应，因此一般在设计采购组织时，应特别注意协调不同业务

部门共同完成，要依据相同规范，参照实际需要，建立整体关系，并进行适当的管理，以期发挥整体作用。

2. 采购组织在企业中的地位

采购组织在企业中的地位至关重要，它不仅是企业运营的基础，也是企业实现战略目标的关键环节。采购组织在企业中的地位取决于多个因素，包括采购金额、采购物品及劳务的性质、物品或劳务获取的难易度、对人员素质的要求及采购对企业目标的影响等。

①采购金额：物品及劳务的采购金额占企业总成本或总收入的百分比越高，采购功能越重要。

②采购物品及劳务的性质：采购复杂程度很高的零组件及广泛使用外包的工程，这种采购工作相当艰难，必然受到高度的重视。

③物品或劳务获取的难易度：对企业非常重要的物品或劳务，如果难以在市场上获取，那么采购就会备受瞩目。

④对人员素质的要求：担任采购人员所应具备的条件也会影响采购的地位。若需要特殊的才能方可胜任，采购的重要性自然会随之提高。

⑤采购对企业目标的影响：采购可以为企业带来机遇或挑战，进而影响采购组织在企业中的地位。

此外，采购经理和采购专员在采购组织中扮演着不同的角色。采购经理是采购组织中的核心角色，负责规划和执行采购策略，确保采购目标的实现，并监督采购团队的工作。采购专员则是采购团队中的重要一员，负责执行采购策略和采购计划，与供应商联系，并协商价格、交货期和其他采购条款。

综上所述，采购组织在企业中的地位是多方面的，受到多种因素的影响。在企业中，采购组织和供应管理组织应共同协作，确保企业的运营顺利进行。

❖ 知识点 2：采购组织的形式

采购组织的形式是指企业内部采购组织的结构和运作模式。根据企业的规模、采购物品的性质、采购频率和复杂度等因素，采购组织可以采取不同的形式。

1. 分权式采购组织

分权式采购组织也称为分散型采购组织。在这种组织形式中，与采购相关的职责和工作分别由不同的部门来执行。例如，物料或商品需求计划可能由制造部门或者销售部门来拟订；采购工作可能由采购部门或者销售部门掌管。这种组织形式具有自主性、灵活性和多样性的优点，但同时也存在资源浪费和权责不清的缺点。

2. 集权式采购组织

集权式采购组织也称为集中型采购组织。在这种组织形式中，采购活动由专门的采购部门统一管理，具有规模效应和标准化的优点。集中型采购有利于采购战略的实施、财务管理、评估、监督以及采用信息技术与系统。

3. 混合式采购组织

混合式采购组织结合了分权式和集权式采购组织的特点。在某些情况下，企业可以采用混合式采购组织形式，在保持灵活性和自主性的同时，实现采购活动的集中管理和控制。

4. 跨职能采购小组

跨职能采购小组强调跨部门的协作和沟通，由来自不同部门的成员组成采购小组，共同进行采购活动。跨职能采购小组有助于提高采购活动的效率和效果，同时也有助于促进不同部门之间的沟通和协作。

此外，根据采购业务过程、物品类别或采购地区等因素，采购组织也可以采用其他不同的类型。例如，按照采购业务过程划分的组织形式将采购计划制订、询价、比价、签订合同、催货、提货、货款结算等工作交给不同的人员办理；按照物品类别划分的组织形式将采购部门划分为不同的采购小组，每一小组承担特定物品的采购工作；按照采购地区划分的组织形式则根据货物的来源地区划分采购部门。

总之，采购组织形式多种多样，企业可以根据自身的实际情况和需求选择合适的采购组织形式。无论采用何种形式，采购组织都应该具备明确的职责和权限，确保采购活动的顺利进行和成本控制。

✣ 知识点 3：采购组织在企业中的隶属关系

组织机构是企业为实现其目标，在管理工作中进行分工协作，在职务范围、责任和权力等方面形成的结构体系。采购组织在企业中的隶属关系可以有多种不同的形式，这主要取决于企业的组织结构、业务需求和战略定位。

1. 隶属于生产部门

在这种结构中，采购组织与生产部门直接相连，负责确保生产活动所需的原材料、零部件和耗材的及时供应。采购组织与生产部门之间的紧密联系有助于企业相关人员实时了解生产需求、库存情况和材料消耗情况，从而制订更准确的采购计划和进行更有效的库存管理。这种隶属关系有利于加强生产部门对采购活动的直接控制，确保生产过程的顺畅进行。采购组织与生产部门的隶属关系如图 1-2 所示。

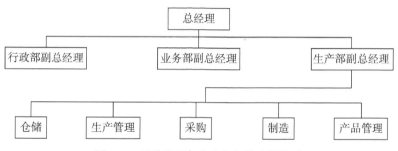

图 1-2　采购组织与生产部门的隶属关系

2. 隶属于行政部门

当采购活动主要涉及办公用品、设备、设施等非生产性物资时，采购组织可能隶属于行政部门。行政部门通常负责企业的日常运营管理和后勤保障，将采购组织置于其下有助于统一管理和协调行政采购活动。这种隶属关系有助于确保行政采购的合规性、效率和质量，同时降低采购成本。采购组织与行政部门的隶属关系如图1-3所示。

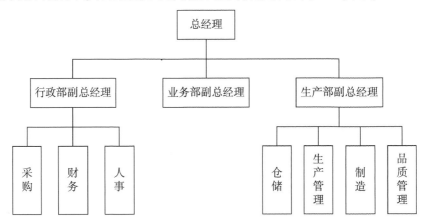

图 1-3　采购组织与行政部门的隶属关系

3. 隶属于总经理

在大型企业中，采购组织可能直接隶属于总经理或高级管理层，以便更好地与企业的战略目标保持一致。在这种结构中，采购组织具有更高的独立性和自主权，能够根据企业整体战略和需求进行采购决策。这种隶属关系有助于加强采购活动与企业战略目标的联系，提高采购效率和质量。高级管理层对采购活动的直接管理有助于确保采购活动的有效性、合规性，并进行成本控制，同时加强与其他部门之间的协调与合作。采购组织与总经理的隶属关系如图1-4所示。

图 1-4　采购组织与总经理的隶属关系

4. 隶属于物资部门

在一些企业中，采购组织可能隶属于物资部门，以加强物资管理、库存控制。这种隶属关系有助于确保采购与供应链其他环节之间的协同作用，提高物资利用效率和企业整体运营效率。物资部门通常负责企业的物资计划、库存管理、仓储物流等，与采购活动密切相关,因此将采购组织置于其下有助于实现更高效的物资管理。采购组织与物资部门的隶属关系如图1-5所示。

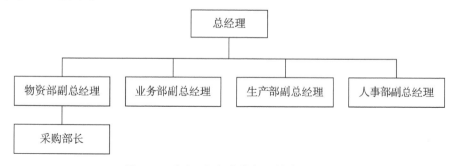

图 1-5 采购组织与物资部门的隶属关系

✤ 知识点 4:采购组织的建立方式

采购组织的建立方式可以根据企业的规模、业务需求、组织结构等因素进行灵活选择。

1. 按采购区域建立

根据企业采购的地理位置和区域,将采购组织划分为不同的区域采购小组,如国内采购组、国际采购组等。采购管理人员只需就相同物料比较国内、国际采购的优劣,判定物料应该划归哪一部门办理。这种方式适用于跨国企业或地域分布广泛的企业,可以根据不同地区的采购需求和特点,制订相应的采购策略和计划。采购组织按采购区域建立如图1-6所示。

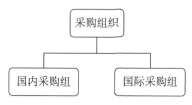

图 1-6 采购组织按采购区域建立

2. 按物品类别建立

根据企业所需采购的物品类别,如主原料、一般物料、机器设备、零部件、工程发包、维护与保养品等类别,将采购组织划分为不同的采购小组,每个小组负责某一类物品的采购工作。这种方式可以使采购人员对其负责的物品类别有更深入的了解,提高工作效率和采购质量。这也是最常见的采购组织划分方式,对于物料种类繁多的企业特别适用,如连锁超市的采购组织分设生鲜采购组、日用品采购组及服装鞋帽采购组等。采购组织按物品类别建立如图1-7所示。

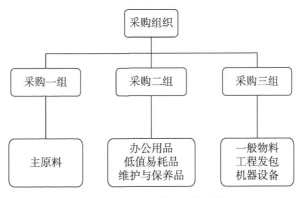

图 1-7　采购组织按物品类别建立

3. 按采购过程建立

将采购过程划分为不同的阶段，如需求分析、供应商选择、谈判、合同签订、交货验收等，每个阶段由不同的采购小组负责。这种方式可以使采购流程更加清晰、有序，提高采购效率和透明度。采购组织按采购过程建立如图 1-8 所示。

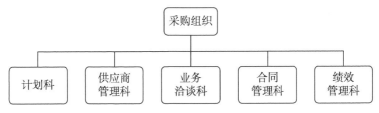

图 1-8　采购组织按采购过程建立

4. 矩阵式采购组织

矩阵式采购组织是一种组织采购活动的特殊结构，旨在通过跨部门的协作和资源共享，提高采购效率和效果。矩阵式采购组织一般是为了完成特定的采购任务而临时组建的，任务完成后，成员将回到各自的原部门。这种临时性使得采购组织能够灵活应对各种采购需求，提高响应速度。矩阵式采购组织由来自不同部门的人员组成，他们共同协作完成采购任务。这种跨部门协作有助于打破部门壁垒，实现资源共享和优势互补，提高采购效率。在矩阵式采购组织中，成员同时接受原部门和采购组织的领导。这种双重领导结构使得成员在保持与原部门联系的同时，也能够更好地融入采购组织，完成采购任务。矩阵式采购组织具有柔性化的特点，能够根据采购任务的变化灵活调整组织结构和人员配置。这种柔性化使得采购组织能够更好地适应市场变化和客户需求，提高采购效果。矩阵式采购组织如图 1-9 所示。

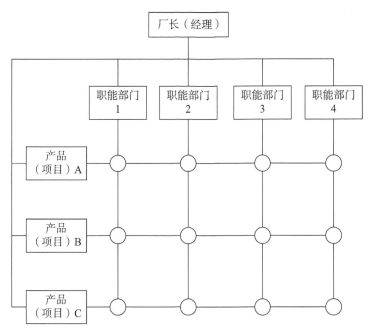

图 1-9　矩阵式采购组织

❖ 知识点 5：建立采购管理组织的步骤

建立采购管理组织的步骤主要包括以下几个方面。

1. 考虑采购管理职能

明确采购管理需要赋予的职能，不仅仅是简单的采购行为，还需要考虑是否增加其他功能，如需求分析、供应商管理体系的建立、市场信息的完善、进货管理、入库、验收及仓库管理等。根据赋予职能的不同，采购管理组织的结构也会有所不同。

2. 考虑采购任务量

在确定采购管理职能后，需要评估采购任务量。这包括采购职能的多少和每个职能工作量的大小。采购工作量的大小取决于企业需要采购的物资品种、数量、采购空间范围等因素。同时，还需要考虑供应商管理、进货管理、仓储管理以及市场信息等方面的工作量。一般来说，采购工作量越大，采购管理组织就越需要扩大。

3. 确定采购管理组织

采购管理组织是采购管理的幅度和管理层次的总体组织结构框架，也是采购管理系统的职能部门构成。根据采购管理职能和采购任务量的评估结果，确定采购管理组织的规模和结构。

4. 设定岗位

采购管理组织根据具体的管理职能、管理机制和管理任务的作业流程，设定各个岗位，并明确各岗位的职责和权限。

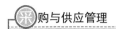

5. 选择合适的采购管理组织类型

采购管理组织根据企业的实际情况和需求，选择合适的采购管理组织类型，如平行采购管理组织、生产导向的采购管理组织、销售导向的采购管理组织或采购导向的采购管理组织等。

6. 建立协作机制

采购管理组织需要与其他部门（如生产、销售、财务等）建立紧密的协作关系，确保采购活动顺利进行。采购管理组织应建立有效的沟通机制和协作流程，促进信息的共享和资源的互补。

7. 持续优化

采购管理组织建立后，需要根据实际运行情况进行持续优化和调整，以适应市场变化和企业发展的需求。企业应定期评估采购管理组织的绩效和效率，发现存在的问题并制定相应的改进措施。

任务实施

阅读"任务描述"，回答以下问题。

1. 对于沈阳汽车制造厂而言，采购方式的不足之处体现在哪些方面？

_____

_____

2. 你觉得沈阳汽车制造厂适合采用哪种采购组织形式？

_____

_____

3. 你觉得沈阳汽车制造厂现有的采购组织结构存在哪些问题？请你根据存在的问题提供合理的采购组织结构建设的建议。

_____

_____

_____

4. 各组派 1 名代表上台进行分享。

任务评价

在完成上述任务后，教师组织三方评价，并对学生任务执行情况进行点评。学生完成考核评价表（见表 1-2）的填写。

表 1-2　　　　　　　　　　考核评价表

班级		团队名称		学生姓名	
团队成员					
考评项目		分值	要求	学生自评（30%）	团队互评（30%）	教师评定（40%）
知识能力	对采购组织的形式分析	20 分	分析正确			
	对建立采购管理组织的步骤分析	20 分	分析正确			
	对采购组织在企业中的隶属关系分析	30 分	分析合理			
职业素养	文明礼仪	10 分	形象端庄文明用语			
	团队协作	10 分	相互协作互帮互助			
	工作态度	10 分	严谨认真			
成绩评定		100 分				
心得体会						

任务三 采购的决策和管理

任务描述

家恒好连锁超市采购决策问题分析

家恒好商贸有限公司是一家知名连锁零售企业,在全国大中城市拥有200多家连锁门店。家恒好商贸有限公司目标客户是一线城市和二线城市的中产阶级,经营商品档次主要是中档以上,倡导高效便捷的服务理念,商品价格中档偏上。

采购的决策

几年前,家恒好商贸有限公司在西部一地级市新开了一家超市,除了在开业促销活动期间生意十分火爆,在将近一年的时间里销售一直没有达到预期的目标,人气十分低迷。经营管理者虽然采取了很多方式,试图吸引更多的客人,但收效甚微。

针对这一现状,家恒好连锁超市请来了专业咨询公司开展针对性的分析,查找原因,寻找对策。该专业咨询公司派专人进驻家恒好连锁超市,经过为期半个月的对超市商品采购、商品结构、卖场布局、商品陈列、商圈及目标消费群体的全面调研分析,发现超市存在很多方面的问题。专业咨询公司在对超市采购环节进行全面诊断的过程中,发现采购部门在实施具体的采购决策作业中存在着比较突出的问题,主要体现在以下五个方面。

一是采购部门采购的商品与所在市场商圈和消费者需求存在一定偏差。超市经营商品与所在商圈居民生活层次有很大差距。该地级市虽拥有百万人口,但位于我国西部,人们的消费观念和消费水平与发达地区存在不小的差距。而家恒好连锁超市的采购人员沿袭了以前的商品结构,目标定位于中产阶层,商品价格中等偏上,所以当地消费者认为家恒好连锁超市的商品不太适合自己,更愿意去当地其他超市去购买商品质量大众化且价格相对较便宜的商品。

二是家恒好连锁超市商品种类虽然很丰富,但高层次商品较多,老百姓生活所需的一般商品相对较少,导致超市数量众多的商品销售不畅,不少商品库存积压严重,而购买较多的非主打商品又经常出现缺货断档的现象。

三是采购部门的人员平时工作比较忙,会议也比较多,活动范围主要是在办公室。上班的主要工作是下订单、打电话、开会等,很少去外面市场进行价格、商品等方面的对比调研,也很少与卖场的销售人员和门店的工作人员进行沟通交流。

四是采购部门员工很少主动联系供应商,与供应商的交流主要是通过电话联系,方式比较随意。一般是在电话中与供应商谈好价格,要求供应商送样品过来查验,对供应商的场地情况、经营管理能力、资信状况等采购合作硬性指标把关不严,不够细致,存在较多的商品质量管理隐患。同时，对供应商推荐的新商品几乎照单全收，大多数商品是按照供应商提供的价格作为最终的进货价格。所以，家恒好连锁超市的商品价格相较于当地其他几家超市而言较高，这也是消费者流失的一个主要原因。

五是采购部门员工在下订单进货时，只是简单地查询一下超市信息管理系统中该商品的现有库存，然后根据平时的经验大致估算采购数量直接向供应商下订单。

以上五方面是家恒好连锁超市在采购决策实施过程中存在的突出问题，这些问题严重削弱了超市的市场竞争力，制约了企业的发展。

要求：请以项目组为单位，认真阅读案例，完成"任务实施"中的问题。

知识链接

✦ 知识点 1：采购决策的概念

采购决策是指企业采购人员根据企业的总体目标，在充分考虑外部与内部因素之后，从若干可供选择的采购方案中选定一个满意的方案的过程。这个过程涉及确定采购的数量、质量、时间、来源等要素，以及选择供应商、签订采购合同等具体环节。

采购决策是企业管理中的一项重要工作，直接影响企业的生产成本、产品质量、市场竞争力等方面。因此，在进行采购决策时，企业需要综合考虑多种因素，如市场需求、产品特性、供应商情况、物流成本等。具体来说，采购决策的内容主要包括以下几个方面。

1. 采购价格决策

采购价格决策是指企业为了实现采购目标，在综合考虑市场供求关系、产品成本、企业利润及竞争对手情况等因素的基础上，对采购商品或服务的价格进行确定和选择的过程。这个过程涉及对多种价格方案的评估、分析和选择，以确保企业以合理的价格获得所需的物资或服务，同时实现企业的整体战略目标。采购价格决策在企业的采购管理中占有重要地位，直接影响到企业的采购成本、利润水平和市场竞争力。

2. 采购质量决策

采购质量决策是指在采购过程中，企业为确保所采购的商品或服务符合预定的质量标准和质量要求，而对采购质量进行的决策活动。采购质量决策涉及对供应商的质量管理体系、质量记录、样品测试等进行评估，以及对采购商品或服务的性能、安全性、可靠性等方面的具体规定。通过采购质量决策，企业可以确保所采购的商品或服务满足组织的需求和标准，从而提高产品质量、降低采购商品质量风险，并有助于企业吸引顾客和建立良好的企业形象。

3. 采购数量决策

采购数量决策是指企业为实现采购目标，在综合考虑市场需求、库存水平、采购成本、供应商能力等因素的基础上，对采购商品或服务的数量进行确定和选择的过程。采购

数量决策是企业采购管理中的重要环节，直接影响到企业的库存成本、资金占用、生产效率和客户满意度等方面。合理的采购数量决策可以确保企业以最小的成本满足市场需求，避免库存积压或短缺，提高资金的利用效率，有助于企业保持生产的稳定性和连续性。

4. 采购品种、规格决策

采购品种、规格决策是指企业在采购过程中，根据市场需求、产品特点、企业策略等因素，确定所需采购的商品或服务的具体品种和规格的过程。合理的决策可以确保企业采购到符合市场需求、性能优良、成本合理的商品或服务，提高客户满意度和市场份额；同时，也有助于企业降低库存成本，提高资金利用效率，增强企业的竞争力。

5. 供应商选择决策

供应商选择决策是指企业根据自身的需求和要求，在多个潜在供应商中选择最合适的供应商的过程。这个过程涉及对供应商多个方面的评估，如技术水平、产品质量、生产能力、价格、服务水平、信誉和结算条件等。供应商选择决策是企业采购管理中的重要环节，直接影响企业的采购成本、产品质量、生产效率和客户满意度等方面。因此，企业需要制定科学的供应商选择标准和方法，确保选择合适的供应商。

✦ 知识点 2：采购管理的概念

1. 认识采购管理

采购管理是指企业或组织在实施采购活动时，通过制定采购策略、确定供应商、进行谈判和签订合同等一系列管理措施，以达到获取所需产品或服务的目标的过程。

采购管理在企业运营中起到至关重要的作用，它直接关系到企业的成本控制、供应链效率、产品质量和市场竞争力。采购管理的目标是确保采购过程高效、合规，获得最佳的采购结果，满足组织或企业的需求。

采购管理包括采购策略的制定、供应商的评估和选择、采购流程的设计和执行、采购合同的管理、供应商关系的维护等工作。其中，采购策略的制定需要考虑企业的长期发展战略、市场竞争策略、成本控制等因素；供应商的评估和选择需要综合考虑供应商的技术水平、生产能力、价格、服务水平、信誉等因素；采购流程的设计和执行需要确保采购活动顺利进行，并及时处理采购过程中存在的问题和风险；采购合同的管理需要确保合同的履行和供应商的履约情况；供应商关系的维护需要与供应商建立良好的合作关系，促进双方关系长期、稳定发展。

通过采购管理，企业可以确保采购活动顺利进行，降低采购成本，提高采购效率，保证产品质量，增强企业的市场竞争力。

2. 采购管理与采购的区别

采购管理和采购不同，采购是一种作业活动，是为完成指定的采购任务而进行具体操作的活动，一般由采购员负责。采购的使命就是完成具体采购任务，其权利只能调动采购部分配的有限资源。采购管理是管理活动，是面向整个企业的，不但面向企业全体采购员，而且面向企业其他工作人员（进行有关采购的协调配合工作）。采购管理的使命就是要保证整个企业的物资供应，其权利是可以调动整个企业的资源。

采购管理和采购在定义、范围、参与者、权限、战略与规划、供应商管理以及成本控制与风险管理等方面存在显著的区别。采购管理是一个更为全面、系统的管理过程，旨在通过优化采购活动来为企业创造价值；采购则更侧重于具体的采购行为，以满足企业的生产和经营需求为主要目标。

3. 采购管理的目标

采购在企业中占据着非常重要的地位，因为零部件和辅助材料的成本一般要占到最终产品销售价值的 40%~60%。这意味着，在采购物料方面所做的成本节约对利润产生的影响，要大于企业其他成本节约给利润带来的影响。所以，采购管理的主要目标有以下几点。

（1）提供不间断的物料流，从而保障企业正常运营。

（2）使库存投资和损失保持最小。

（3）保持并提高产品质量。

（4）发展有竞争力的供应商。

（5）当条件允许的时候，将所购物料标准化。

（6）以最低的采购成本获得所需的物资和服务。

（7）提高公司的竞争力。

（8）协调企业内部各职能部门间的合作。

（9）以最低的管理费用完成采购目标。

任务实施

阅读"任务描述"，回答以下问题。

1. 对于家恒好连锁超市而言，其采购价格存在哪些方面的问题？如何从采购价格决策的角度去解决存在的问题？

_____

_____

2. 你觉得家恒好连锁超市的商品品种存在哪些问题？如何从采购品种、规格决策的角度去解决存在的问题？

_____

_____

_____

3. 你觉得家恒好连锁超市的供应商选择存在哪些问题？如何从供应商选择的角度去解决存在的问题？

_____

_____

_____

4. 各组派 1 名代表上台进行分享。

任务评价

在完成上述任务后，教师组织三方评价，并对学生任务执行情况进行点评。学生完成考核评价表（见表1-3）的填写。

表 1-3　　　　　　　　　　考核评价表

班级		团队名称		学生姓名	
团队成员					

考评项目		分值	要求	学生自评（30%）	团队互评（30%）	教师评定（40%）
知识能力	对采购价格决策的分析	20分	分析正确			
	对采购品种、规格决策的分析	20分	分析正确			
	对采购供应商决策的分析	30分	分析合理			
职业素养	文明礼仪	10分	形象端庄文明用语			
	团队协作	10分	相互协作互帮互助			
	工作态度	10分	严谨认真			
成绩评定		100分				
心得体会						

参考答案

一、单项选择题

1. 对于采购，以下选项中不相符的是（   ）。

A. 采购是商流过程   B. 采购是物流过程

C. 采购是经济活动   D. 采购是运输过程

2. 以下选项中，不属于工业采购特点的是（   ）。

A. 量大，周期短   B. 技术含量高

C. 数量波动大   D. 价格波动大

3. 下列不属于有形采购类型的是（   ）。

A. 原料采购   B. 机具及设备采购

C. 主料采购   D. 事务用品采购

二、多项选择题

1. 根据采购物品用途的不同，将采购划分为（   ）。

A. 工业采购   B. 家庭采购   C. 消费采购   D. 企业采购

2. 根据采购输出的结果，将采购划分为（   ）。

A. 有形采购   B. 服务采购   C. 技术采购   D. 无形采购

3. 按采购制度分类，将采购划分为（   ）。

A. 一体化采购   B. 集中采购   C. 分散采购   D. 混合采购

三、判断题

1. 供应通常指的是为满足特定需求或需求集合而提供所需的资源、物品、服务或信息。（   ）

2. 询价采购可以分为询价直接采购和询价间接采购两种方式。（   ）

3. 采购不仅是企业获取物资和服务的主要渠道，还是企业成本控制的唯一环节。（   ）

4. 采购组织是指为了完成企业的采购任务、保证生产经营活动顺利进行而建立的组织。（   ）

5. 当采购活动主要涉及办公用品、设备、设施等非生产性物资时，采购组织可能隶属于总经理。（   ）

02 PROJ
项目二
采购计划与预算管理

◎ **知识目标**
- 掌握采购需求的定义。
- 了解采购需求分析的内容。
- 理解采购需求分析的主要方法。
- 掌握制订采购计划的影响因素。
- 了解采购业务预算的内容。

※ **能力目标**
- 能够对采购计划内容进行分析。
- 能够制订并优化采购计划。
- 能够进行采购需求分析。
- 能够分析影响采购计划的因素。
- 能够对采购业务预算进行分析。

※ **思政目标**
- 培养学生提前规划、事前计划的意识。
- 培养学生的成本意识和节约精神。
- 培养学生发现问题、分析问题和解决问题的能力。
- 培养学生的劳模精神和工匠精神，增强学生的劳动意识。

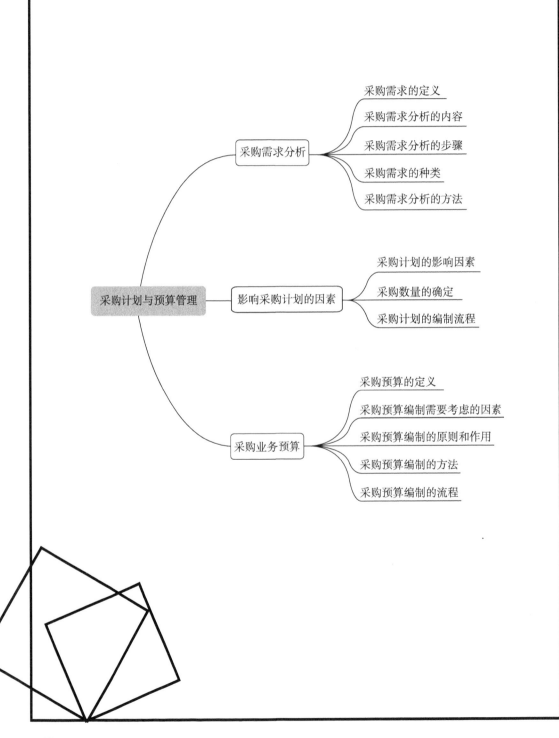

采购计划与预算管理

- 采购需求分析
  - 采购需求的定义
  - 采购需求分析的内容
  - 采购需求分析的步骤
  - 采购需求的种类
  - 采购需求分析的方法

- 影响采购计划的因素
  - 采购计划的影响因素
  - 采购数量的确定
  - 采购计划的编制流程

- 采购业务预算
  - 采购预算的定义
  - 采购预算编制需要考虑的因素
  - 采购预算编制的原则和作用
  - 采购预算编制的方法
  - 采购预算编制的流程

 **岗位分析**

岗位1：采购计划员

岗位职责：根据生产计划、物料清单编制采购计划，并跟进计划执行进度，编制采购相关分析报表。

典型工作任务：根据生产计划、物料清单编制采购计划；跟进管理采购计划执行进度，编制采购相关分析报表；与供应商沟通公司订单；管理采购档案。

职业素质：具备责任意识、成本意识、服务意识、效率意识、成本管理意识、法律意识。

职业能力：具备良好的计划能力；掌握一定的财务知识及库存物流知识；具备优秀的沟通协调能力和执行力。

可持续发展能力：能进行客户关系管理；能进行采购业务扩展；具备全局协调能力。

岗位2：采购预算员

岗位职责：制订并执行采购预算计划，确保合理分配和利用采购预算资金；根据公司的发展战略和需求，与相关部门合作，制订采购策略和计划；建立并维护供应商数据库，不断寻找新的供应商，通过对比，选择最合适的供应商进行采购；跟踪市场变化，及时调整采购策略和计划，确保采购成本的控制和降低；协调与供应商的谈判并签订合同，确保采购合同顺利执行，解决采购合同履行时发生的问题。

典型工作任务：采购预算计划的编制；采购预算资金分配和利用；采购预算数据库的建立和维护；采购预算成本控制。

职业素质：具备成本意识、团队意识、创新意识、责任意识等。

职业能力：具备预算规划能力、成本管控能力、市场调研能力。

可持续发展能力：能对采购业务进行合理的成本预算，能和其他部门进行有效的沟通协作，具备全局规划能力。

 项目导读

党的二十大报告指出："我们以巨大的政治勇气全面深化改革，打响改革攻坚战，加强改革顶层设计，敢于突进深水区，敢于啃硬骨头，敢于涉险滩，敢于面对新矛盾新挑战，冲破思想观念束缚，突破利益固化藩篱，坚决破除各方面体制机制弊端，各领域基础性制度框架基本建立，许多领域实现历史性变革、系统性重塑、整体性重构，新一轮党和国家机构改革全面完成，中国特色社会主义制度更加成熟更加定型，国家治理体系和治理能力现代化水平明显提高。"

政府采购连接着政府和市场，并不是简单意义上的"买买买"，而是财政运行乃至国家治理中的一项重要制度安排。要加快推进政府采购法的修订工作，坚持公开透明和公平竞争原则，努力提升财政资金使用效率。

财政资金如何创造最大效益，关系经济高质量发展和民生保障。政府采购作为财政资金的重要支出方式，如何发挥其效能至关重要。

中国国际公共采购论坛披露，我国政府采购市场规模不断扩大，由 2002 年的 1009 亿元增加到 2021 年的 36399 亿元，占财政支出的比重也相应由 4.6% 提高到 10.1%，社会关注和影响力日益提高。这意味着，在我国财政支出中，每 10 元的财政支出中，就有 1 元是以政府采购的形式花出去的。

政府采购在一些国家也称为公共采购。从法律上说，是各级国家机关、事业单位和团体组织，使用财政性资金采购依法制定的集中采购目录以内的或者采购限额标准以上的货物、工程和服务的行为。看似和百姓离得很远，实则息息相关，大到基础设施建设工程，小到社区的健身器材、养老服务，都有可能是通过政府采购方式实现的。

一方面，政府采购是预算执行的重要环节。通过规范透明的政府采购活动，履行政府公共服务职能，实现财政资金支出的最大效益。不少国家的政府采购占国内生产总值（GDP）比重达 15% 左右，可见其在财政支出中的重要地位。2018 年 11 月，中央全面深化改革委员会第五次会议审议通过《深化政府采购制度改革方案》，明确要加快形成采购主体职责清晰、交易规则科学高效、监管机制健全、政策功能完备、法律制度完善、技术支撑先进的现代政府采购制度。党的二十大报告指出，要健全现代预算制度。由此可见，完善现代政府采购制度无疑是这项任务的重要内容。

另一方面，政府采购是宏观调控的重要手段。在国际上，政府采购是实施宏观政策的一种常用手段，在我国也是如此，特别是在支持创新、绿色发展、中小企业发展等方面的作用尤为突出。例如，今年中小企业面临的困难加大，政府采购政策犹如雪中送炭，为中小企业参与政府采购活动提供便利，特别是在提高货物服务采购项目、面向小微企业的价格评审优惠，以及政府采购工程面向中小企业的预留份额方面，为中小企业增加了市场机会。财政部、住建部等部门决定，扩大政府采购，支持绿色建材，促进建筑品质提升，加大绿色低碳产品采购力度，全面推广绿色建筑和绿色建材。由此可以看出，国家通过优化政府采购需求管理和交易制度来实现一系列宏观政策目标。

我国政府采购虽然已达到较大规模，但发展潜力还非常大。政府采购工作是一项复杂的系统工程，在面临重要机遇和挑战的同时，改革发展任务也很重，特别是要破解一系列难题。例如，在顶层制度设计上，目前的政府采购法不适应实践发展，需要进一步修订完善，同时我国公共采购领域政府采购法和招标投标法并立，适用范围交叉重叠，具体规则不一致。在实践中，则存在地方政府采购不够规范、不透明，部分政府采购产品质次价高、技术落后等问题。

　　在顶层设计上，要加快推进政府采购法的修订工作，推动两法合一，增强规则的系统性、整体性和协同性，形成统一高效的法律制度，降低市场主体的制度性交易成本。同时，要优化政府采购营商环境，坚持公开透明和公平竞争原则，加强需求管理、履约验收和评审行为监督，减少环节，提高效率，确保程序公正，杜绝寻租行为，提升财政资金使用效率，促进政府采购规范、廉洁、高效。

任务一　采购需求分析

任务描述

华为的采购需求分析

一、公司背景与采购策略

华为技术有限公司（以下简称"华为"）作为全球领先的信息和通信技术解决方案供应商，其采购策略不仅关乎自身生产运营效率，还直接影响到其全球供应链的布局和稳定性。华为采购策略注重多元化、灵活性和长期合作，重视在采购之前所进行的采购需求分析，通过建立全球化的采购网络，确保供应链的稳定性和成本优势。

二、供应链管理与优化

华为通过采用先进的供应链管理理念和信息技术手段，不断优化供应链结构，提高供应链的响应速度和灵活性。例如，通过引入物联网技术和大数据分析，实时监控供应链各环节的状态，及时发现问题并调整策略，确保供应链的持续、高效运行。

三、采购流程与成本控制

华为采购流程严格遵循公平、公正、公开的原则，通过集中采购、招标采购等方式，确保采购过程的透明度和规范性。华为对采购前的需求分析极为重视，特别关注市场、供应商的变化对于华为采购需求的影响。同时，华为注重成本控制，通过精细化的成本分析和预算控制，实现采购成本的持续优化。

四、供应商选择与评估

华为在选择供应商时，会综合考虑供应商的技术能力、产品质量、交货能力、价格等因素，确保选择最适合的合作伙伴。同时，通过建立完善的供应商评估体系，定期对供应商进行绩效评估，确保供应商的持续改进和合作关系的稳定性。

五、采购风险管理与控制

华为高度重视采购风险管理，通过建立完善的风险管理机制，对采购过程中的各种风险进行识别、评估和控制。例如，通过多元化供应商策略降低供应中断风险，通过签订长期合同锁定价格风险，确保采购活动的稳定和安全。

六、采购技术与创新

华为始终关注采购领域的技术创新和发展趋势，通过引入先进的采购技术和工具，提高采购效率和准确性。例如，通过采用电子采购系统实现采购流程的自动化和智能化，通过引入人工智能技术辅助供应商选择和谈判等。

七、绿色采购与环境责任

华为积极响应全球环境保护的号召，通过实施绿色采购战略，确保供应链的环境可持续性。在采购过程中，华为优先选择环保、低碳的产品和服务，与供应商共同推动环境管理和社会责任的落实。

要求：请以项目组为单位，认真阅读案例，对华为的采购战略管理进行分析，完成"任务实施"中的问题。

知识链接

✤ 知识点 1：采购需求的定义

采购需求是指对采购标的的特征描述，简单说就是采购人依据企业使用需求与市场供给情况，结合内部计划、产品价格、质量规格、物流仓储等因素，制定一份明确应当采购什么、采购多少、什么时候采购以及怎样采购的采购任务清单。

要实施采购就一定要搞清楚采购需求，好的采购需求能够合理、客观反映采购标的的主要特征及要求供应商响应的条件，符合适用原则、非歧视原则，并能够切合市场实际。

✤ 知识点 2：采购需求分析的内容

采购需求分析是一个系统性、综合性的过程，涉及多个方面的分析和决策。只有通过全面、细致的需求分析，才能确保采购活动的顺利进行，满足企业的生产和发展需求。要做好采购需求分析，就要从以下几个方面做出努力。

（1）明确采购目标

采购需求分析的首要步骤是明确采购目标，这包括确定所需物品的种类、用途、质量要求及预期的使用场景。明确采购目标有助于确保后续的采购活动能够紧密围绕核心需求进行，减少不必要的资源浪费。

（2）需求背景分析

在明确采购目标后，需要对需求背景进行深入分析，这包括了解企业内部的生产计划、库存状况、销售预测等信息及外部市场的变化趋势、行业发展动态等因素。通过综合分析，可以更准确地把握采购需求的紧迫性、合理性和可行性。

（3）采购物品规格

采购需求分析需要明确所需物品的具体规格，包括物品的尺寸、材质、性能参数等。这些规格信息将直接影响后续供应商的选择、产品比较和合同签订等环节，因此必须准确、详尽地列出。

（4）数量与时间表

在采购需求分析中，需要明确所需物品的数量，制定采购时间表。这有助于制订合理的采购计划，确保物品按时、按量供应，避免库存积压或缺货现象的发生。

（5）预算与成本控制

采购需求分析还需要对预算和成本进行合理控制，这包括设定采购预算上限、分析不同供应商的价格差异、评估运输和仓储成本等。通过有效的成本控制，确保采购活动的经济效益和企业的盈利能力。

（6）供应商评估

在采购需求分析中，需要对潜在的供应商进行评估，评估内容应包括供应商的技术实力、产品质量、交货能力、信誉度等方面。通过综合评估，可以选择最适合的供应商，确保采购活动的顺利进行。

（7）市场行情调研

市场行情调研是采购需求分析的重要环节。通过了解市场的价格波动、供需关系、竞争对手等信息，可以更准确地预测采购活动的发展趋势，为企业的决策提供依据。

（8）风险预测与应对

采购需求分析需要对可能出现的风险进行预测，并制定相应的应对措施。这包括供应商违约风险、物品质量问题风险、运输延误风险等。通过风险预测与应对，可以确保采购活动的稳定性和安全性。

❖ 知识点 3：采购需求分析的步骤

采购需求分析是一个综合性的过程，需要从多个方面进行分析和评估。通过明确采购目标、分析市场供应、确定采购数量、评估供应商能力、预算与成本控制、风险管理与评估、制订采购计划及需求确认与调整等步骤的实施，可以为企业的采购活动提供有力支持，确保采购活动的顺利进行。

（1）明确采购目标

在进行采购需求分析时，要先明确采购目标，这包括确定所需采购的商品或服务类型、规格、质量要求和预期的使用场景。明确采购目标有助于后续分析工作的精确进行。

（2）分析市场供应

接下来，需要对市场供应情况进行分析。通过了解市场上的供应商数量、分布和各自的优缺点，有助于确定潜在的采购来源。同时，还要关注市场趋势、价格波动等因素，以便在采购过程中做出合理的决策。

（3）确定采购数量

根据实际需求和市场供应情况，合理确定采购数量。这既要考虑当前的生产经营需要，也要兼顾库存管理和成本控制的要求。在确定采购数量时，可以采用定量分析方法，如经济订货批量模型等。

（4）评估供应商能力

评估供应商能力是采购需求分析中的重要步骤，这包括对供应商的资质、技术实力、生产能力、质量管理水平和售后服务等方面进行全面评估。通过评估，可以筛选出符合要求的优质供应商，为后续的采购合作奠定基础。

（5）预算与成本控制

在采购需求分析过程中，需要进行预算与成本控制，这包括对采购成本的预测、分析和控制，以确保采购活动在经济合理的范围内进行。同时，还要考虑价格谈判、合同条款等因素对采购成本的影响。

（6）风险管理与评估

在采购需求分析过程中，还应对潜在的风险进行管理和评估，这包括市场风险、供应商风险、物流风险等多个方面。通过风险评估，可以制定相应的应对措施，降低采购风险的发生概率和影响程度。

（7）制订采购计划

在完成以上步骤后，需要制订详细的采购计划。采购计划应包括采购的商品或服务名称、规格、数量、价格、供应商、交货时间等具体信息。制订采购计划有助于明确采购任务和目标，为后续采购活动的顺利进行提供保障。

（8）需求确认与调整

最后，需要对采购需求进行确认与调整，这包括对已制订的采购计划进行再次审核和确认，确保其符合实际需求和市场情况。同时，在采购过程中如发现实际情况与预期不符或市场需求发生变化时，应及时调整采购计划，以满足新的需求。通过需求确认与调整，可以确保采购活动的灵活性和有效性。

❖ 知识点 4：采购需求的种类

根据采购需求的性质和特点，可以将其分为以下几类。

（1）原材料采购需求

原材料采购需求是指组织或企业在生产过程中所需要的原材料，如钢铁、石油、木材等。原材料的质量和供应稳定性对于企业的生产效率和产品质量至关重要。因此，采购部门需要与供应商建立长期合作关系，确保原材料的及时供应和质量可靠。

（2）设备采购需求

设备采购需求是指组织或企业在生产过程中所需要的各种设备，如机械设备、电子设备等。设备的选择和采购对于企业的生产能力和效率具有重要影响。采购部门需要根据企业的实际需求，评估各种设备的性能和价格，并与供应商进行谈判，以获取最佳的采购方案。

（3）劳动力采购需求

劳动力采购需求是指组织或企业在人力资源方面的需求，如招聘新员工、培训现有员工等。人力资源是企业的核心竞争力之一，因此采购部门需要与人力资源部门密切合作，根据企业的战略目标和人力需求规划，制订合理的招聘和培训计划。

✤ 知识点 5：采购需求分析的方法

采购需求分析是指根据采购的历史或者生产计划等找出需求规律，然后根据需求规律预测下一个周期的需求品种和需求量，主动地订货、安排采购计划。

需求分析方法有采购申请单统计分析法、物料需求计划、物资消耗定额、ABC 分析法（帕累托分析法）、5W2H 分析法（七问分析法）、PEST 分析法（宏观环境分析法）等。

（1）采购申请单统计分析法。采购申请单统计分析法是通过统计各个部门提交的采购申请表，来分析出未来的采购需求。

（2）物料需求计划。物料需求计划是一种广泛应用于生产企业的需求分析方法，它基于产品的结构、库存信息和生产计划来计算物料需求。

（3）物资消耗定额。物资消耗定额是通过对物资消耗的定量控制，来控制采购的数量和时间。

（4）ABC 分析法。ABC 分析法将采购物资按照重要程度进行分类，对重要物资进行重点管理。

（5）5W2H 分析法。5W2H 分析法是一种在采购新品类时使用的分析方法，包括对新品类的需求进行快速确认和可行性分析。

（6）PEST 分析法。PEST 分析法用于梳理行业背景，分析市场大环境和方向。

任务实施

阅读"任务描述"，回答以下问题。

1. 华为是如何进行采购需求分析的？

_____

_____

2. 华为的采购策略是什么？

_____

_____

3. 华为的采购对你有什么启发？

_____

_____

_____

4. 各组派 1 名代表上台进行分享。

任务评价

在完成上述任务后，教师组织三方评价，并对学生任务执行情况进行点评。学生完成考核评价表（见表2-1）的填写。

表 2-1　　　　　　　　　　　　　　考核评价表

班级			团队名称		学生姓名	
团队成员						
考评项目			分值	要求	学生自评（30%）	团队互评（30%）	教师评定（40%）
知识能力	对采购需求定义分析		20分	分析正确			
	对采购需求的分类分析		20分	分析正确			
	对采购需求分析的方法和内容分析		30分	分析合理			
职业素养	文明礼仪		10分	形象端庄文明用语			
	团队协作		10分	相互协作互帮互助			
	工作态度		10分	严谨认真			
成绩评定			100分				
心得体会							

任务二　影响采购计划的因素

**任务描述**

联想集团的采购策略

一、供应商选择与评估

联想集团在供应商的选择上，注重长期合作与共赢，倾向于与具备技术实力、品质保障和良好信誉的供应商建立稳定的合作关系。评估过程不仅考虑供应商的价格优势，更重视其研发能力、生产流程管理、质量控制和交货准时率等因素。通过严格的筛选和定期的绩效评估，确保供应商能够满足联想集团不断变化的需求。

二、优化采购流程

为了提升采购效率，联想集团不断优化采购流程，通过电子采购系统实现采购过程的透明化和标准化。同时，引入先进的供应链管理技术，如精益采购、准时化采购等，确保采购流程的顺畅和高效。

三、供应链一体化运作

联想集团倡导供应链一体化运作，通过与供应商、分销商等合作伙伴的紧密合作，实现信息的共享和协同。通过整合供应链资源，提升整体供应链的响应速度和灵活性，来满足市场快速变化的需求。

四、库存管理优化

库存管理对于联想集团而言至关重要。通过精确的需求预测和库存计划，实现库存水平的合理控制，避免库存积压。同时，利用先进的库存管理技术，如实时库存监控、智能补货系统等，确保库存数据的准确性和及时性。

五、物流与运输方案选择

联想集团在物流与运输方案的选择上，注重成本效益和服务质量。通过与专业的物流服务商合作，构建高效、可靠的物流网络。同时，根据产品的特性和市场需求，选择合适的运输方式，确保产品能够及时、安全地送达客户手中。

六、成本控制与谈判

成本控制是联想集团采购策略中的关键环节。与供应商进行谈判和合作，实现采购成本的优化。同时，通过建立完善的成本分析体系，对采购过程中的各项成本进行监控，确保采购活动的经济效益。

七、供应商伙伴关系管理

联想集团重视与供应商建立长期稳定的伙伴关系。通过定期的沟通会议，共同开展技术研发和市场推广等活动，加深彼此的了解和信任。同时，建立供应商激励机制，鼓励供应商持续改进和创新，实现共同发展。

八、信息共享与协作机制

信息共享与协作机制是联想集团供应链管理的核心。通过建立信息交流平台，实现与供应商、分销商等合作伙伴之间的信息共享和协同工作。这有助于提升供应链的透明度和效率，促进各方之间的合作和共赢。

总之，联想集团的采购策略涵盖了供应商选择与评估、优化采购流程、供应链一体化运作、库存管理优化、物流与运输方案选择、成本控制与谈判、供应商伙伴关系管理及信息共享与协作机制等方面。这些策略的实施使联想集团提升了采购效率和成本控制能力，增强了其在市场竞争中的优势地位。

要求：请以项目组为单位，认真阅读案例，对联想集团的采购策略进行分析，完成"任务实施"中的问题。

知识链接

❖ **知识点 1：采购计划的影响因素**

采购需求的分析和确定是一个综合系统的过程，需要一定的时间来执行和完成，而在这个过程中，企业内外部环境是不断变化的，所以采购需求也会随之变化。以下是影响这些变化的几个主要因素。

（1）采购环境

采购活动发生在一个具有很多变化因素的环境中，这些因素包括外界的不可控因素，如国内外经济发展状况、人口增长、政治体制、文化及社会环境、法律法规、技术发展、竞争者状况等，以及内部可控因素，如财务状况、技术水准、厂房设备、原料零件供应状况、人力资源及企业声誉等。这些因素的变化都会对企业的采购计划和预算产生一定影响。

以纺织企业的棉花采购为例，由于受供求关系、国际市场变化及棉花收获的季节性等因素影响，其市场价格往往波动很大，这就造成了棉花采购成本的差价比较大。为了节约成本，棉花的采购除了要根据订单要求满足必要的生产，还要依据棉花市场的价格波动状况，选择恰当的采购时机。这就要求采购人员能够预测环境的变化，并提前做出反应。

（2）年度营销计划

除非市场出现供不应求的状况，否则企业年度的经营计划多以营销计划为起点。而营销计划的拟订，又受到销售预估的影响。销售预估的影响因素，包括外界的不可控因素，如国内外经济发展状况（国民生产总值、失业率、物价、利率等）、人口增长、政治体制、文化及社会环境、技术发展、竞争者状况等，以及内部可控因素，如财务状况、技术水准、厂房设备、原料零件供应状况、人力资源及公司声誉等。

（3）年度生产计划

一般而言，年度生产计划源于营销计划，如果营销计划过于乐观，生产过多产品，会导致库存积压，造成企业的财务负担；反之，过度保守的营销计划，将导致产量不能满足顾客的需求，失去了创造利润的机会。因此，年度生产计划常因营销人员对市场需求量估算失误而进行调整，也使得采购计划与预算必须经常调整修正，以免使物料供需长久处于失衡状态。

（4）用料状况

在高科技行业，产品工程变更层出不穷，致使用料状况难以做到即时反映，导致依据产量所计算出来的物料需求数量与实际的使用量或规格不相符，造成采购数量过多或不足、物料规格过时或不易购得等不良后果。因此，采购计划的精确与否，取决于企业是否能及时更新用料清单。

（5）存量管制状况

由于应购数量必须扣除库存数量，因此，存量管制卡的记载是否正确，将是影响采购计划精确性的因素之一。存量管制卡的重要记载项主要有两个：料账是否相符，以及物料存量是否全为良品。若账上数量与仓库架台上的数量不符，或存量中并非全数皆为规格正确的物料，将使仓库的数量低于实际上的可取用数量，故采购计划中的应购数量将会偏低。

（6）物料标准成本设定

在制定采购预算时，由于难以预估将来拟购物料的价格，故多以标准成本替代。若此标准成本的设定缺乏过去的采购资料，亦无工程人员严密精确地计算其原料、人工及制造费用等组合或生产的总成本，则其正确性不无疑问。因此，标准成本与实际购入价格的差额，即是采购预算精确性的评估指标。

（7）生产效率

生产效率的高低会导致估计的物料需求量与实际的耗用量之间存在误差。产品的生产效率降低，会导致原物料的单位耗用量提高，进而导致采购计划中的数量不够生产所需。所以，当生产效率有降低趋势时，采购计划必须将额外的耗用率计算在内，否则会发生原物料的短缺现象。

（8）价格预期

在制定采购预算时，常对物料价格涨跌幅度、市场景气程度及汇率变动等进行预估，甚至列为调整预算因素。不过，因为个人的主观判定与事实的演变常有差距，也可能会造成采购预算的偏差。

由于影响采购计划与预算的因素颇多，故采购计划与预算拟订之后，必须与产销部门保持联系，并针对现实状况做必要的调整与修订，才能达成维持正常产销活动的目标，并协助财务部门妥当规划资金的来源。

企业的采购计划无论受何种因素影响，都要保证达到如下目的：估计采购物料所需的时间和数量，防止供应中断，影响产销活动；避免物料储存过多，积压资金，占用存储空间；配合企业生产计划与资金调度；让采购部门事先准备，选择有利时机购入物料；确定物料耗用标准，以便管制物料采购数量与成本。

✤ **知识点 2：采购数量的确定**

采购数量的确定受多种因素影响，以下是其中的一些主要因素。

需求预测：准确的需求预测对于确定采购数量至关重要。供应链管理人员可以通过市场调研、历史销售数据分析等方法来预测商品的需求量。

供应商能力：供应商能力是决定采购数量的重要因素之一。供应商能力包括生产能力、物流能力、供应链弹性等。

季节性需求：一些商品具有明显的季节性需求，如节日商品、季节性服装等。供应链管理人员需要根据历史销售数据和市场趋势，预测季节性需求，并确定相应的采购数量。

库存情况：目前库存的多少也会影响采购数量的决策。如果库存水平过高，可能需要减少采购量；如果库存水平较低，可能需要增加采购量以确保满足企业的生产需求。

采购费用：采购费用包括人员费用、耗材费用、通信费用、差旅费、交通费等，这些费用也需要考虑在内，以确定最经济的采购数量。

库存维持费用：为了保持库存，可能需要支付一些费用，如设备的老化、消耗、损坏和其他损失，这些费用也需要考虑在内。

促销活动：促销活动的组织与安排也会影响采购数量。促销常常会打破原有商品销售的正常比例，因此订货人员需要对促销的内容、对象及企业部门的预期目标加以详细了解，并适度调整订货量。

地区特点：连锁零售门店可以根据不同的商圈特点，作为预估、订货的依据或管理上的指标。

天气及季节的变化：这些因素也会影响商品采购数量，特别是生鲜食品等季节性商品。

供货期的长短：订货时，要考虑供货商供货期的长短，即接受订单后要多久才能将货品送到，下一次送货是什么时候。

综上所述，采购数量的确定需要综合考虑多种因素，以确保在满足企业生产需求的同时，实现成本的最小化和效率的最大化。

✤ **知识点 3：采购计划的编制流程**

在编制采购计划之前首先要做自制/外购分析，以决定是否需要采购。采购计划的编制主要包括 8 个环节，即准备认证计划、评估认证需求、计算认证容量、制订认证计划、准备订单计划、评估订单需求、计算订单容量、制订订单计划。

（1）准备认证计划：①接收开发批量需求；②接收余量需求；③准备认证环境资料；

④制订认证计划说明书。

（2）评估认证需求：①分析开发批量需求；②分析余量需求；③确定认证需求。

（3）计算认证容量：①分析项目认证资料；②计算总体认证容量；③计算承接认证容量；④确定剩余认证容量

物料剩余认证容量=物料供应商群体总体认证容量-已承接认证容量

认证容量通常用在认证供应商的过程中，是指为了保证供应的物品质量以及其他各方面工作的顺利进行而要求供应商提供一定的资源用于支持认证操作。订单容量是采购方向供应商发出的订单上的数量。

（4）制订认证计划：①对比需求与容量；②综合平衡；③确定余量认证计划；④制订认证计划。制订认证计划是确定认证物料数量及开始认证时间。

认证物料数量=开发样件需求数量+检验测试需求数量+样品数量+机动数量

开始认证时间=要求认证结束时间-认证周期-缓冲时间

（5）准备订单计划：①接收市场需求；②接收生产需求；③准备订单环境资料；④拟订订单计划说明书。

（6）评估订单需求：①分析市场需求；②分析生产需求；③确定订单需求。

（7）计算订单容量：①分析项目供应资料；②计算总体订单容量；③计算承接订单容量；④确定剩余订单容量。

物料剩余订单容量=物料供应商群体总体订单容量-已承接订单容量

（8）制订订单计划：①对比需求与容量；②综合平衡；③确定余量订单计划；④制订订单计划。一份订单包含的内容有下单数量和下单时间两个方面：

下单数量=生产需求量-计划入库量-现有库存量+安全库存

下单时间=要求到货时间-认证周期-订单周期-缓冲时间

任务实施

阅读"任务描述"，回答以下问题。

1. 联想集团的采购策略包括哪些方面？

_____

_____

_____

2. 联想集团是如何处理供应商关系的？

_____

_____

_____

3. 联想集团的采购策略对你有什么启发？

_____

_____

_____

4. 各组派 1 名代表上台进行分享。

 任务评价

在完成上述任务后，教师组织三方评价，并对学生任务执行情况进行点评。学生完成考核评价表（见表 2-2）的填写。

表 2-2　　　　　　　　　　　　　　考核评价表

班级		团队名称			学生姓名	
团队成员						
考评项目		分值	要求	学生自评（30%）	团队互评（30%）	教师评定（40%）
知识能力	对采购计划影响因素分析	20 分	分析正确			
	对采购数量的确定分析	20 分	分析正确			
	对采购计划的编制分析	30 分	分析合理			
职业素养	文明礼仪	10 分	形象端庄文明用语			
	团队协作	10 分	相互协作互帮互助			
	工作态度	10 分	严谨认真			
成绩评定		100 分				
心得体会						

任务三　采购业务预算

任务描述

小米公司的采购预算

在当前的市场环境下，企业采购是一个至关重要的环节，直接关系到企业的成本控制和运营效率。小米公司作为一家领先的科技公司，其采购策略与管理经验丰富，在采购业务预算中进行了诸多实践。

如何开展采
购业务预算

1. 采购策略

在制定采购策略时，小米公司注重以下几个方面。

首先，小米公司注重供应链的稳定性和可靠性。小米公司会与供应商建立长期稳定的合作关系，确保供应链畅通，通过供应链优化减少成本，降低风险。

其次，小米公司重视成本管理。通过合理的供应商选择和谈判，小米公司努力降低采购成本，提高采购效率。例如，在采购电子设备时，小米公司会选择性价比较高的供应商，从而降低采购成本。

2. 采购管理

小米公司在采购管理方面有着多年的经验积累，以下是一些管理方面的策略。

首先，小米公司建立了严格的供应商管理制度。小米公司会对供应商进行评估和分类，并据此确定合作方式和采购政策。例如，对于关键的原材料供应商，小米公司会进行质量和交付时间的定期评估，以确保供应的稳定性和质量。

其次，小米公司采用了先进的采购管理软件，提高了采购流程的自动化程度。这不仅提高了工作效率，还降低了人为错误的可能性，提升了采购管理的准确性和可控性。

最后，小米公司进行了深入的采购预算管理。小米在市场调研的基础上，收集潜在供应商的信息，并通过评估供应商的信誉、交货能力、技术水平等因素，筛选出合适的供应商进行谈判。采购部门会根据采购需求、市场行情、产品特点、采购周期、供应商情况制定采购计划，进而生成采购预算。在采购预算执行过程中，小米会对采购过程进行监控，确保供应商按时按质完成交付，并根据实际情况对采购预算进行调整和优化。

3. 实例分析

以一台办公用计算机的采购为例，小米公司进行了如下操作。

首先，采购人员会根据公司的需求和预算，从合作伙伴中选择性价比最高的供应商，比如选择提供高性能、价格合理的计算机供应商。

其次，小米公司会与供应商进行谈判，在保证质量的前提下争取更优惠的价格，降低采购成本。

小米公司的采购策略与管理深得人心，并在实践中取得了显著的成效。通过建立稳定的供应链、进行精细的成本管理及运用先进的采购管理软件，小米公司在采购方面积累了丰富的经验。

要求：请以项目组为单位，认真阅读案例，对小米公司的采购预算进行分析，完成"任务实施"中的问题。

 **知识链接**

❖ 知识点1：采购预算的定义

采购预算是指采购部门在一定计划期间（年度、季度或月度）编制的材料采购的用款计划。在政府采购中，采购预算是指政府部门批复的采购部门编制的采购项目的用款计划，当出现投标人的报价均超过采购预算时，该次采购将作废。

❖ 知识点2：采购预算编制需要考虑的因素

采购预算的编制需要考虑以下因素。

（1）采购需求。采购部门首先需要明确采购的具体需求，包括采购物品的种类、数量、质量、交付时间等。这可以通过与销售部门、生产部门等相关部门进行沟通，了解他们的需求和期望来实现。

（2）市场情况。采购部门对市场进行调研，了解物品的价格、质量、供应情况等，以便更准确地预测采购成本。这可以通过与供应商沟通、参加行业展会、查看行业报告等方式进行。

（3）成本估计。采购部门要详细评估各项采购所需的成本，包括物料和设备购买费用、运输和货运费用、供应商服务费用等。同时，采购部门要比较不同供应商的价格和质量，以确保采购预算的合理性和可持续性。

（4）供应商管理。采购部门要在编制采购预算时，需要考虑供应商的信誉、交货时间、质量保证和技术支持等因素。选择合适的供应商可以确保采购的及时性、产品质量和成本效益。

（5）风险管理。采购部门在采购预算编制过程中，需要考虑各种潜在的风险，如供应商破产、价格波动、物流延误等。企业要制定风险管理策略，以应对这些潜在风险，确保采购过程的稳定性和正常性。

（6）销售策略和生产计划。销售策略和生产计划是制定采购预算的重要参考依据。通过了解销售策略，可以预测未来的产品销售需求，而生产计划可以决定需要采购的原材料和零部件的种类和数量。

（7）库存情况。库存水平的高低会影响采购预算的编制。如果库存水平过高，可能需要减少采购量；如果库存水平较低，则需要增加采购量以确保满足企业的生产需求。

（8）采购预算编制方法。采购部门根据企业的实际情况和需求，选择合适的采购预算编制方法，如零基预算法、增量预算法、弹性预算法、混合预算法等。

（9）绩效评估。在采购预算编制完成后，需要对采购活动进行绩效评估，以了解采购预算的执行情况和效果，并为未来的采购预算编制提供参考。

✤ 知识点 3：采购预算编制的原则和作用

采购预算对于企业管理有着重要作用。首先，它可以帮助企业预测和控制采购成本，避免预算超支，合理利用资金，提高采购效率。其次，采购预算有助于企业优化供应链管理，使企业能够根据实际情况和市场变化调整采购计划，进而优化供应链的运营效果。再次，采购预算可以明确采购流程和各部门之间的职责，为部门间的协同管理提供基础，降低采购风险。最后，采购预算有助于提高采购质量，降低采购风险。

在编制采购预算时，企业应遵循实事求是、积极稳妥、留有余地和比质比价等原则。同时，采购预算的编制步骤通常包括审查企业和部门的战略目标、制订明确的工作计划、确定所需的资源、提出准确的预算数字并汇总及提交预算等。

✤ 知识点 4：采购预算编制的方法

（1）概率预算。利用概率来编制的预算，即为概率预算。概率预算分为两种情况：①销售量的变动与成本的变动没有直接联系；②销售量的变动与成本的变动有直接联系。

（2）零基预算。零基预算是指在编制预算时，对于所有的预算项目不考虑以往的情况，一切以零点为起点。

（3）弹性预算。弹性预算是在编制预算时，考虑到计划期间的各种可能变动因素的影响，编制出一套能适应多种业务量的预算。弹性预算要先确定在计划期内业务量的变化范围，然后根据成本，将计划期内的费用划分为变动费用和固定费用。弹性预算一般用于编制弹性成本预算和弹性利润预算。

（4）滚动预算。滚动预算的主要特点是预算期随着时间的推移而自行延伸，始终保持一定的期限（通常为一年）。

✤ 知识点 5：采购预算编制的流程

采购预算编制的流程通常包括以下步骤。

（1）审查企业或部门的战略目标。采购部门在编制预算时要考虑企业总的战略目标，确保采购目标与企业目标相协调。

（2）制订工作计划。采购主管需要了解部门的业务活动，明确其特性和范围，并制订详细的工作计划。

（3）确定所需资源。根据工作计划，采购主管要估计业务支出，确定所需要的人力、物力和财力资源。

（4）确定预算数字。这是编制预算的关键步骤，需要准确的数据来支持采购预算的制定。

（5）汇总编制总预算。各部门草案审核、归纳、调整后，汇总编制总预算。

（6）提交预算。确定预算后，需要根据实际情况选定一个偏差范围，然后提交预算。

（7）审核和调整。提交的预算可能需要根据实际情况进行调整和优化。

任务实施

阅读"任务描述"，回答以下问题。

1. 小米公司是如何降低采购成本的？

_____

_____

_____

2. 小米公司的采购预算是如何进行的？

_____

_____

_____

3. 小米公司的采购管理与其他企业有什么不同？

_____

_____

_____

4. 各组派 1 名代表上台进行分享。

任务评价

在完成上述任务后，教师组织三方评价，并对学生任务执行情况进行点评。学生完成考核评价表（见表 2-3）的填写。

表 2-3　　　　　　　　　　考核评价表

班级		团队名称		学生姓名	
团队成员					
考评项目		分值	要求	学生自评（30%）	团队互评（30%）	教师评定（40%）
知识能力	对采购预算定义分析	20分	分析正确			
	对采购预算作用原则分析	20分	分析正确			
	对采购预算制定流程分析	30分	分析合理			
职业素养	文明礼仪	10分	形象端庄文明用语			
	团队协作	10分	相互协作互帮互助			
	工作态度	10分	严谨认真			
成绩评定		100分				
心得体会						

参考答案

一、单项选择题

1. 采购部门对市场进行调研，了解物品的价格、质量、供应情况等，以便更准确地预测（　　）。

　A. 采购计划　　　　B. 采购成本　　　　C. 采购周期　　　　D. 采购质量

2. 采购部门在采购预算编制过程中，需要考虑各种潜在的风险，如供应商破产、（　　）、物流延误等。

　A. 价格波动　　　　B. 产品质量　　　　C. 产品特点　　　　D. 库存情况

3. （　　）是指对采购标的的特征描述。

　A. 采购需求　　　　B. 采购计划　　　　C. 采购预算　　　　D. 采购规划

4. 好的采购需求能够合理、客观反映采购标的的主要特征及要求供应商响应的条件，符合（　　）、非歧视原则，并能够切合市场实际。

　A. 采购原则　　　　B. 适用原则　　　　C. 高效原则　　　　D. 成本原则

5. 在编制采购计划之前首先要做（　　），以决定是否需要采购。

A. 自制/外购分析　　B. 成本分析　　　　C. 需求分析　　　　D. 预算分析

二、多项选择题

1. 采购预算编制需要考虑的因素包括（　　）。

A. 采购需求　　　　B. 市场情况　　　　C. 成本估计　　　　D. 风险管理

2. 采购部门根据企业的实际情况和需求，选择合适的采购预算编制方法，如（　　）。

A. 零基预算法　　　B. 增量预算法　　　C. 滚动预算法　　　D. 混合预算法

3. 采购需求是指对采购标的的特征描述，简单说就是采购人员依据企业使用需求与市场供给情况，结合（　　）等因素，制定一份采购任务清单的过程。

A. 内部计划　　　　B. 产品价格　　　　C. 质量规格　　　　D. 物流仓储

4. 采购需求是指对采购标的的特征描述，是采购人员依据企业使用需求与市场供给情况，明确应当（　　），制定一份确实可靠、科学合理的采购任务清单的过程。

A. 采购什么　　　　B. 采购多少　　　　C. 什么时候采购　　D. 怎样采购

5. 以下属于采购计划编制主要环节的是（　　）。

A. 准备认证计划　　　　　　　　　　B. 评估认证需求

C. 制订认证计划　　　　　　　　　　D. 准备订单计划

三、判断题

1. 采购数量的确定需要综合考虑多种因素，以确保在满足企业生产需求的同时，实现成本的最小化和效率的最大化。（　　）

2. 当出现投标人的报价均超过采购预算时，该次采购将作废。（　　）

3. 在编制采购预算时，企业应遵循实事求是、积极稳妥、留有余地和低价为先等原则。（　　）

4. 采购预算一旦提交审核完成，就不允许再进行调整。（　　）

5. 弹性预算的主要特点是预算期随着时间的推移而自行延伸，始终保持一定的期限。（　　）

四、案例分析题

华为的采购战略

华为的采购战略可以概括为以下几点。

（1）战略合作伙伴关系。华为与供应商建立长期、互信的合作关系，不仅与优秀供应商联合创新，共同引领产业发展，还在某些领域与供应商共同面对市场挑战，共同成长。

（2）品类管理能力。华为通过建立物料专家团和按物料族进行采购运作，提高采购效率。这有助于华为在全球范围内利用其采购杠杆，优化品类管理。

（3）早期介入产品开发和市场投标。华为的采购组织结构鼓励早期介入产品开发和市场投标，这有助于进行双方的技术融合，以及在成本、产品供应能力和功能方面取得竞争优势。

（4）全生命周期管理能力。华为注重全生命周期的管理，通过优化供应链网络设计、强化供应链的可见性和协同性、建立供应链风险管理机制及优化供应链技术应用，提高供应链效率和反应能力。

（5）战略储备计划。华为启动了战略储备计划，提前备料，以应对重要产品的生产需求和潜在需求的高峰。同时，华为通过长期采购订单的策略和提前支付预付款，规避供应链紧张带来的风险。

（6）可持续发展。华为注重供应链的可持续发展，在控制成本的同时，注重环境友好和社会责任，优先选择具有低碳排放和环保认证的供应商。

这些战略共同构成了华为采购管理的核心，不仅支持了华为的商业发展，还在产业链发展中起到了领导作用。

请分析下列问题：

1. 通过上述案例分析华为的采购战略包含哪些方面？

_____

_____

_____

2. 结合案例分析华为是如何实施采购战略储备计划的？

_____

_____

_____

03 PROJ | 项目三
采购质量管理

◎**知识目标**
- 了解采购质量管理的概念。
- 了解采购质量与供应链的关系。
- 掌握采购质量管理的内容和方法。
- 掌握采购货物质量的内容和认证方法。

※**能力目标**
- 能够理解采购质量在供应链中所处的地位。
- 能够使用采购质量管理的方法对供应链环节中的采购进行优化。
- 能够使用货物质量认证的方法对采购质量管理环节进行优化。

❈**思政目标**
- 培养学生的系统性思维，从供应链视角认识采购质量管理。
- 培养学生的辩证思维，认识采购管理与供应链之间的辩证关系。
- 培养学生的社会主义核心价值观，增强学生的社会责任感。
- 培养学生的职业道德、劳模精神和工匠精神。

采购质量管理的内容和基本方法 ——— 采购质量管理的内容

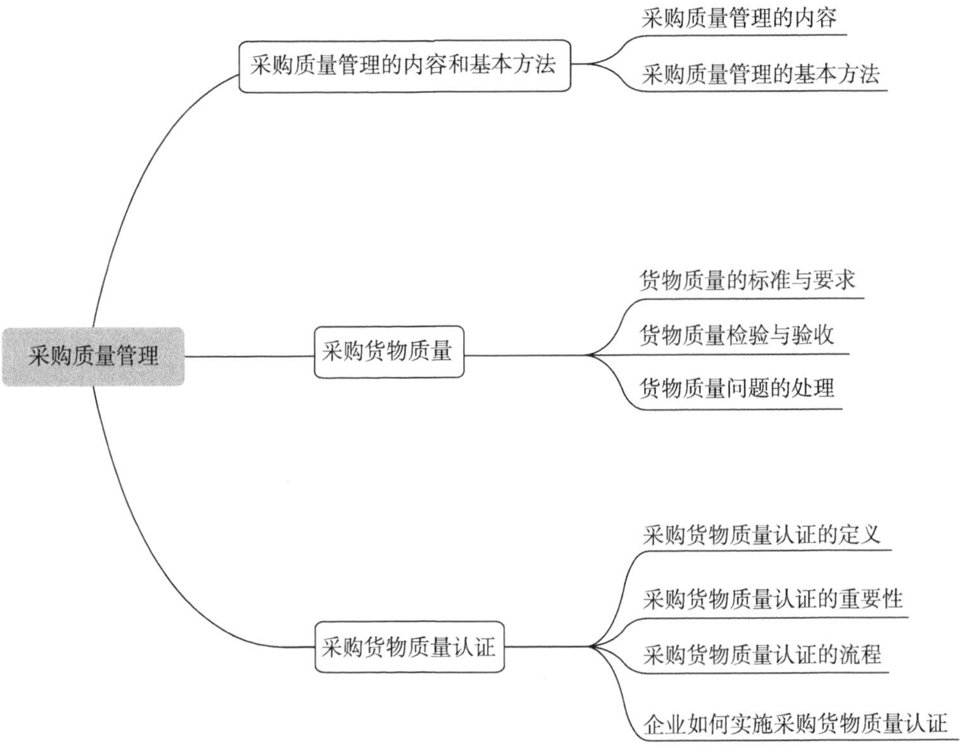

采购质量管理的基本方法

采购质量管理

采购货物质量 ——— 货物质量的标准与要求

货物质量检验与验收

货物质量问题的处理

采购货物质量认证 ——— 采购货物质量认证的定义

采购货物质量认证的重要性

采购货物质量认证的流程

企业如何实施采购货物质量认证

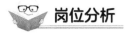 **岗位分析**

岗位1：采购质量管理员

岗位职责：协助采购经理和各级主管制订采购计划与预算，参与采购谈判支持工作，起草各类采购文件并及时上报，协助相关人员完成采购谈判、验收和付款等工作。

典型工作任务：制订采购计划与预算；进行采购谈判；进行采购验收。

职业素质：具备责任意识、成本意识、风险意识、服务意识、法律意识。

职业能力：能够协助采购经理和各级主管制订采购计划与预算，参与采购谈判支持工作。

可持续发展能力：审核各项采购文件，制订采购计划，制定采购质量管理制度和规范。

岗位2：采购验收业务员

岗位职责：制定并落实采购质量规范，对采购的物资进行验收，剔除不合格的产品，确保采购物资的质量能够满足企业要求。

典型工作任务：制定采购质量验收标准、处理采购质量异常情况。

职业素质：具备责任意识、成本意识、风险意识、服务意识、法律意识。

职业能力：能够协助采购经理、质量管理部门制定各类采购物资检验标准和规范，并积极落实。

可持续发展能力：制定采购战略和方针，制定采购价格，选择供应商。

 项目导读

党的二十届三中全会审议通过了《中共中央关于进一步全面深化改革　推进中国式现代化的决定》（以下简称《决定》），《决定》提出"建立健全统一规范、信息共享的招标投标和政府、事业单位、国有企业采购等公共资源交易平台体系"。把符合条件的公共资源交易纳入统一平台，将大幅提高公共资源交易的透明度和竞争公平性。这强调了政府采购的重要性，并提出了改革的方向和目标，进一步发挥了支持科技创新和助企纾困政策效能。

党的二十大报告中明确指出，要"加快建设制造强国、质量强国"，这凸显了质量在国家发展战略中的重要地位。对于采购与供应链管理而言，采购质量是确保产品质量、提升供应链整体竞争力的关键环节。

加强政府采购需求管理，完善采购人主体责任制度。这体现了对政府采购需求的重视，要求采购人更好地履行主体责任，确保采购需求和结果符合实际需要。

深化公共资源交易平台整合共享，推动招标投标全流程电子化。这提出了深化公共资源交易平台整合共享的要求，并推动了招标投标全流程电子化的实施，以提高交易效率和透明度。

加强政府采购领域治理体系建设，完善政府采购法规制度体系。这强调了政府采购领域治理体系建设的重要性，要求进一步完善政府采购法规制度体系，为政府采购的规范化、制度化提供有力保障。

总的来说，党的二十大报告中的采购内容强调了政府采购的重要性，并提出了深化改革、加强监管、提高效率等方面的具体要求。

在完善采购制度的背景下，采购质量管理的创新成为推动企业发展的一个关键因素。创新策略不仅需要关注企业内部的流程优化，还需着眼于供应商的选择与管理、信息共享和整合等维度，以实现整个供应链的质量提升。特别是在全球化经济体系中，跨国供应链的复杂性要求企业在采购过程中考虑更多变量，如文化差异、法律法规以及供应链的稳定性和灵活性等。因此，从供应链视角出发，探讨采购质量管理的创新策略，不仅能帮助企业提升核心竞争力，还有助于应对外部环境变化带来的挑战。

此外，随着信息技术的迅猛发展，数字化工具和平台为企业提供了新的机遇，帮助企业优化采购过程和监控质量。例如，大数据分析能够帮助企业准确预测市场需求，实现精准采购；而云计算和物联网技术则可以提高信息共享的效率，确保实时监控和管理供应链中的各个环节。这些技术的应用不仅提升了采购的透明度，也为质量控制提供了更为强大的数据支持。

任务一 采购质量管理的内容和基本方法

 **任务描述**

佛山市利达玩具有限公司玩具召回事件

一、事件背景

2007年，佛山市利达玩具有限公司（以下简称"利达公司"）作为全球最大的玩具公司——美泰公司的重要供应商，遭遇了前所未有的质量危机。利达公司长期为美泰公司生产并供应玩具，双方有着多年的合作关系。然而，由于一系列的质量管理疏忽，利达公司生产的部分玩具被召回，给公司和行业带来了深远的影响。

二、事件经过

召回公告：2007年8月2日，美泰公司下属的费雪公司向美国消费品安全委员会（CPSC）提出自愿召回约96.7万件中国生产的儿童玩具，这些玩具全部由利达公司生产。召回的主要原因是部分产品的油漆中铅含量超标，对儿童的健康构成潜在威胁。

问题发现：问题最初由美泰公司发现，并通过严格的检测程序确认了油漆中的铅含量超标。随后，美泰公司要求利达公司立即展开调查，并追溯问题源头。

调查与整改：利达公司迅速成立了专项调查小组，对问题产品进行了全面排查。经过调查发现，问题出现在油漆供应商环节。油漆供应商在生产过程中采用了假冒的无铅色粉加工油漆，并提供给利达公司使用，导致产品油漆铅含量超标。针对这一问题，利达公司立即停止了与该油漆供应商的合作，并对所有在产和库存产品进行了严格的质量检测。同时，利达公司加强了与供应商的沟通与合作，建立了更加严格的质量监控体系。

政府介入与暂停出口：事件发生后，中华人民共和国国家市场监督管理总局迅速介入调查，并依据相关规定暂停了利达公司的产品出口。同时，质检部门要求利达公司进行全面整改，确保产品质量符合相关标准和法规要求。

公安部门也对假冒无铅色粉一案进行了立案调查，待事实查清后将对责任方依法进行查处。

三、事件影响

企业形象受损：召回事件对利达公司的企业形象造成了严重损害，消费者对利达公司产品的信任度大幅下降。此外，该事件引发了国内外媒体和公众的广泛关注，进一步加剧了企业的困境。

经济损失：召回事件导致利达公司面临巨额的经济赔偿和退货费用。同时，由于产品出口被暂停，利达公司失去了大量的订单和市场份额，经济损失惨重。

行业警示：该事件对整个玩具行业产生了深刻的警示作用。它提醒所有企业在采购和生产过程中必须严格把控质量关，建立完善的质量管理体系和监控机制。同时，该事件促使政府和行业组织加强监管力度，提高产品质量标准和市场准入门槛。

四、后续发展

整改措施：利达公司在事件发生后采取了一系列积极的整改措施，包括加强供应商管理、完善质量检测体系、提高员工质量意识等。经过一段时间的努力，利达公司产品质量得到显著提升，并重新获得了消费者的信任。

恢复出口：在完成整改并经质检部门验收合格后，利达公司的产品出口得以恢复。利达公司重新获得了与美泰公司等国际大客户的合作机会，并逐渐恢复了市场份额和竞争力。

行业合作与规范：该事件促进了玩具行业内部的合作与规范发展。国际玩具工业理事会等组织加强了与中华人民共和国国家市场监督管理总局等政府部门的沟通协调，共同推动玩具召回制度在中国的实施和完善。同时，行业内企业加强了相互之间的合作与交流，共同提升产品质量和市场竞争力。

要求：请以项目组为单位，认真阅读案例，完成"任务实施"中的问题。

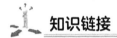 **知识链接**

✤ 知识点 1：采购质量管理的内容

采购质量管理是企业供应链管理中不可或缺的一环，它直接关系到企业所采购物料和服务的品质，进而影响企业的产品质量、客户满意度和市场竞争力。

1. 供应商质量管理

供应商质量管理是采购质量管理的首要环节。企业需要对供应商进行全面的质量管理，具体而言，供应商质量管理的内容包括供应商选择、供应商评估、供应商监督和供应商改进等方面。

（1）供应商选择：企业应根据其采购需求和标准，选择具有相应资质、信誉和技术能力的供应商。

（2）供应商评估：企业应对供应商的交货期、价格、质量、服务等方面进行评估，确保供应商能够满足企业的采购要求。

（3）供应商监督：企业应对供应商的供货过程进行监督，确保供应商按照合同要求提供高质量的产品和服务。

（4）供应商改进：企业应与供应商建立沟通机制，共同分析质量问题，提出改进措施，促进供应商供货质量的提升。

2. 采购过程质量管理

采购过程质量管理是采购质量管理的关键环节。企业需要对采购过程进行全面的质量控制，具体而言，采购过程质量管理的内容包括采购计划管理、采购合同管理、采购订单管理、验收管理等方面。

（1）采购计划管理：企业应制订详细的采购计划，明确采购需求和目标，确保采购活动的有序进行。

（2）采购合同管理：企业应制定完善的采购合同，明确质量标准、交货期、价格等条款，确保供应商按照合同要求提供产品和服务。

（3）采购订单管理：企业应对采购订单进行跟踪和监控，确保订单按时、按质、按量完成。

（4）验收管理：企业应对采购到的物料和服务进行严格的验收把关，确保物料和服务符合合同要求和质量标准。

3. 库存与物流管理

库存与物流管理是采购质量管理的重要组成部分。企业需要建立有效的库存与物流管理体系，确保物料和服务的及时供应和有效管理，具体而言，库存与物流管理的内容包括库存管理、物流管理、追溯管理等方面。

（1）库存管理：企业应建立合理的库存管理制度，控制库存水平，避免库存积压，防止浪费。

（2）物流管理：企业应建立高效的物流体系，确保物料和服务的及时运输和配送。

（3）追溯管理：企业应建立物料追溯体系，对物料进行全程追溯，确保物料来源的可靠性。

✤ 知识点 2：采购质量管理的基本方法

1. 制定明确的质量标准和要求

企业应根据自身的产品特点和市场需求，制定明确的质量标准和要求。这些标准和要求应涵盖物料和服务的各个方面，如性能指标、外观质量、包装等。通过明确的质量标准和要求，企业可以确保所采购的物料和服务符合质量要求。

2. 建立供应商评估体系

企业应建立完善的供应商评估体系，对供应商进行全面的评估。供应商评估体系应包括供应商的资质、信誉、技术能力、交货期、价格等方面。通过供应商评估体系，企业可以选择具有相应资质和信誉的供应商，降低采购风险。

3. 实施严格的质量检验和验收制度

企业应实施严格的质量检验和验收制度，对采购到的物料和服务进行全面的质量把关。质量检验和验收应依据合同要求和质量标准进行，确保物料和服务符合质量要求。对于不合格的物料和服务，企业应拒收或要求供应商进行整改。

4. 加强与供应商的沟通与协作

企业应加强与供应商的沟通与协作，共同分析出现的质量问题，提出改进措施。通过加强与供应商的沟通与协作，企业可以了解供应商的生产过程和质量控制情况，及时发现潜在的质量问题并采取相应的措施进行解决。

5. 建立持续改进机制

企业应建立持续改进机制，对采购质量管理进行持续的改进和优化。持续改进机制应包括质量数据的收集与分析、质量问题的反馈与处理、改进措施的实施与评估等方面。通过持续改进机制，企业可以不断提高采购质量管理的水平和效果。

任务实施

阅读"任务描述"，回答以下问题。

1. 佛山市利达玩具有限公司生产的玩具被召回的原因是什么？

_____

_____

2. 佛山市利达玩具有限公司采取的整改措施有哪些？

_____

_____

3. 采购质量管理的基本方法有哪些？

_____

_____

4. 各组派 1 名代表上台进行分享。

任务评价

在完成上述任务后，教师组织三方评价，并对学生的任务执行情况进行点评。学生完成考核评价表（见表 3-1）的填写。

表 3-1　　　　　　　　　　考核评价表

班级			团队名称			学生姓名		
团队成员								
	考评项目		分值	要求	学生自评（30%）	团队互评（30%）	教师评定（40%）	
知识能力	对采购质量管理的内容描述		20 分	描述正确				
	对采购质量管理的基本方法分析		20 分	分析正确				
	对采购质量的整改措施分析		30 分	分析合理				
职业素养	文明礼仪		10 分	形象端庄文明用语				
	团队协作		10 分	相互协作互帮互助				
	工作态度		10 分	严谨认真				
成绩评定			100 分					
心得体会								

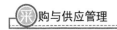
任务二　采购货物质量

任务描述

某电子制造企业在采购货物时面临的质量挑战与应对措施

1. 案例背景

某电子制造企业（以下简称"A公司"）是一家专注于生产消费类电子产品的中型企业。近年来，随着市场竞争的加剧和消费者对产品质量要求的提高，A公司面临着严峻的采购货物质量挑战。特别是其生产关键元器件——集成电路的采购，由于供应商众多且质量参差不齐，导致A公司的产品质量问题频发，客户投诉率不断上升。

2. 问题描述

A公司在采购集成电路过程中遇到了以下问题。

供应商质量管理水平不一，部分供应商提供的集成电路存在质量问题，如性能不稳定、寿命短等；采购部门对供应商的选择和评估缺乏科学的评判标准，导致不合格供应商进入供应链；公司的货物验收环节存在漏洞，部分质量问题未能在入库前发现；公司与供应商的沟通不畅，质量问题反馈和处理效率低下。

3. 应对措施与实施过程

针对上述问题，A公司采取了以下应对措施。

（1）建立供应商评估体系：A公司制定了严格的供应商选择标准和评估流程，包括供应商的质量管理体系、历史业绩、生产能力等。通过现场审核、样品测试等方式对供应商进行全面评估。

（2）加强货物验收管理：A公司完善货物验收流程和标准，引入先进的检测设备和检测技术，对采购的集成电路进行全数或抽样检测，确保入库货物质量符合要求。

（3）建立质量问题反馈机制：A公司与供应商建立定期沟通机制，及时反馈货物质量问题，并要求供应商在规定时间内提供整改方案和改进措施。同时，对供应商的整改效果进行跟踪和检验。

（4）引入信息化管理工具：A公司采用ERP（企业资源计划）系统等信息化管理工具，以实现采购过程的透明化和可追溯性。通过数据分析功能，可以实时掌握供应商供货的质量状况，为采购决策提供有力支持。

4. 成效分析

经过上述措施的实施，A公司采购货物的质量得到了显著提升，表现在以下几个方面：A公司的供应商质量管理水平明显提高，不合格供应商被淘汰出局，优质供应商比例上升；A公司的货物验收环节更加严格和规范，质量问题发现率和处理效率大幅提升；A公司与供应商的沟通更加顺畅和高效，质量问题得到了及时、有效的解决；因A公司产品质量问题导致的客户投诉率显著下降，市场满意度和品牌形象得到提升。

5. 经验总结与启示

A公司采购货物质量的提升经验表明，采购货物质量管理是企业质量管理的重要组成部分，必须给予足够重视，企业建立科学的供应商评估体系和货物验收流程是保障采购货物质量的关键；企业与供应商的紧密合作和有效沟通是解决质量问题的有效途径；企业的信息化管理工具的应用可以显著提升采购货物质量管理的效率和效果。

要求：请以项目组为单位，认真阅读案例，完成"任务实施"中的问题。

知识链接

✤ 知识点1：货物质量的标准与要求

在供应链管理的广阔领域中，采购质量管理占据着至关重要的地位，它不仅是确保产品和服务质量的基石，更是维护企业声誉和客户满意度的关键。

货物质量的标准是衡量采购活动成功与否的标尺，它涵盖了从原材料到形成最终产品的全过程。这些标准不仅限于物理特性，还包括耐用性、一致性及合规性等多个维度。例如，对于制造型企业，ISO9001质量管理体系标准提供了全面的质量管理框架，确保了从设计到生产的每一步都符合预设的质量要求。

然而，仅仅遵循既定标准并不足以应对市场的动态变化。因此，企业需要创新策略以提升质量管理水平。一方面，企业可以采用先进的质量管理技术和方法，如六西格玛和精益生产方法，持续改进流程，减少缺陷，从而提高货物质量。另一方面，企业可以利用大数据和人工智能技术，实时监控供应商性能，预测潜在的质量问题，实现预防性的质量管理。

此外，建立与供应商的紧密合作关系是确保货物质量的关键。通过共享质量目标，实施联合质量计划，并定期进行供应商评估，企业能够确保供应链的每一环节都致力于质量的提升。这种合作模式不仅强化了供应链的韧性，也促进了整体质量文化的形成。

在这一过程中，企业的质量标准和要求应随着市场需求和技术进步而不断更新。因此，企业需建立灵活的质量管理系统，以适应快速变化的环境。通过持续学习和创新，企业能够在采购质量管理中保持领先地位，从而在竞争激烈的市场中脱颖而出。

✤ 知识点2：货物质量检验与验收

在供应链管理的广阔领域中，采购质量管理占据着至关重要的地位，它是确保产品质量和服务质量的基石。企业应重视货物质量检验与验收这一关键环节，主张创新策略的实施，以强化这一过程的有效性。传统的质量检验方法往往侧重于事后检查，而忽视了预防性的质量管理，这在当前快速变化的市场环境中显得过于被动。

首先，企业的质量检验不应仅限于物理产品的接收阶段，而应扩展至供应商的生产过程。通过实时监控供应商的生产流程，可以在早期发现潜在的质量问题，并及时进行纠正，防止不合格产品的产生。这种前置的质量控制策略，即源头质量管理，能够显著减少企业因质量问题导致的退货和召回，从而降低供应链的整体成本。

其次，企业应采用先进的数据分析工具，如人工智能和机器学习算法，对大量的检验数据进行深度分析。这些工具能够识别产品的质量缺陷，预测可能存在的问题，甚至在问题发生之前提出解决方案。这种数据驱动的质量管理，不仅提高了检验的精度，还增强了决策的科学性。

再次，企业应建立动态的供应商评价体系，将质量检验结果纳入供应商的绩效评估中。通过定期的反馈和沟通，激励供应商持续改进其质量管理体系，形成共赢的合作关系。这种合作型质量管理，有助于构建稳定的供应链网络，提升企业整体的供应链韧性。

最后，企业应采用标准化的质量验收流程，确保所有供应商对质量标准有统一的理解。标准化能够减少误解和冲突，提高效率，同时有助于提升整个供应链的质量一致性。

创新的采购质量管理策略应将预防作为基础，实现数据驱动，加强同合作伙伴的协作与流程的标准化，以此提升供应链的效率和质量，满足日益增长的客户需求，确保企业在激烈的市场竞争中保持优势。

✤ 知识点 3：货物质量问题的处理

货物质量问题处理这一核心议题，强调预防的重要性，以及建立有效的响应机制，以维持供应链的稳定运行。

首先，预防性的质量管理策略应侧重于对供应商能力的评估与提升，这包括定期对供应商进行多维度的绩效考核，如质量指标、交货准时率和售后服务等，以确保其能满足严格的质量标准。此外，企业可通过技术合作与知识共享，帮助供应商提高工艺水平，减少生产缺陷，从而在源头上减少质量问题的发生。

其次，当质量问题不可避免地出现时，快速响应和有效解决是关键。企业应建立一套标准化的问题报告、分析和纠正措施流程，以便迅速定位问题根源，减少损失。例如，采用鱼骨图或 5W2H 分析法，系统排查问题的各个方面，确保解决方案的全面性。同时，建立跨部门协作机制，确保信息的透明度和决策的高效性。

再次，企业应建立质量反馈与学习机制，将每一次问题的解决视为改进的机会。通过数据分析，识别质量问题的模式，提炼出预防类似问题的策略。这种持续改进的企业文化不仅能强化供应链的韧性，还能促进整体质量管理水平的提升。

最后，不容忽视的是，法律合规性是处理货物质量问题的底线。企业应确保所有操作符合相关法规，防止因质量问题引发法律纠纷，维护企业的声誉，保障企业的经济利益不受损害。

采购质量管理的创新策略在于预防、响应、学习和合规四个层面的协同作用。通过这些策略，企业能够构建一个动态的、适应性强的供应链，以应对不断变化的市场环境和日益严苛的质量要求。

任务实施

阅读"任务描述"，回答以下问题。

1. A 公司遇到了哪些问题？

_____

_____

_____

2. A 公司采取的整改措施有哪些？

_____

_____

_____

3. 货物质量的标准与要求有哪些？遇到质量问题应如何处理？

_____

_____

_____

4. 各组派 1 名代表上台进行分享。

任务评价

在完成上述任务后，教师组织三方评价，并对学生任务执行情况进行点评。学生完成考核评价表（见表 3-2）的填写。

表 3-2 考核评价表

班级		团队名称			学生姓名	
团队成员						
	考评项目	分值	要求	学生自评（30%）	团队互评（30%）	教师评定（40%）
知识能力	对货物质量的标准与要求的内容描述	20分	描述正确			
	对货物质量的检验与验收的基本方法分析	20分	分析正确			
	对货物质量问题的处理分析	30分	分析合理			
职业素养	文明礼仪	10分	形象端庄文明用语			
	团队协作	10分	相互协作互帮互助			
	工作态度	10分	严谨认真			
	成绩评定	100分				
心得体会						

任务三　采购货物质量认证

 **任务描述**

××电子企业的采购货物质量认证之路

1. 案例背景

××电子企业（以下简称"××企业"）是一家成立于2005年的进行电子产品研发、生产和销售的企业，总部位于广州市。企业产品涵盖手机、平板电脑、智能手表等多个品类，市场覆盖全球多个国家和地区。然而，在企业成立初期，由于生产工艺不稳定、原材料品质参差不齐等原因，产品质量问题频发，客户满意度低，市场口碑不佳，销售业绩低迷。

2. 质量认证需求与挑战

为了提升产品质量，增强市场竞争力，××企业决定引进ISO9001质量管理体系，并将其融入企业的日常管理。然而，在实施质量认证的过程中，企业面临着以下挑战。

质量管理体系建立不完善：企业各部门之间的沟通和协作不够密切，导致信息传递不畅，工作效率低下。

员工质量管理意识不足：企业部分员工对ISO9001质量管理体系认证的要求和意义不够清晰，实际操作中存在差错和失误。

供应链管理不规范：企业的供应商选择和审核不够严格，原材料质量无法得到有效保障。

3. 质量认证实施过程

为了应对这些挑战，××企业采取了以下措施。

完善质量管理体系：企业成立质量管理团队，负责贯彻执行质量管理体系，团队成员分工明确，分别负责生产、采购、质检等环节，通过内部培训、制定质量管理制度等手段，提高员工对质量管理的认识和重视程度。

加强供应链管理：企业建立供应商评估体系，对供应商进行严格的审核和评估，选择高质量的供应商作为合作伙伴。同时，企业与供应商建立紧密的合作关系，共同提升产品质量。

持续改进和优化：企业定期进行内部审核和管理评审，确保质量管理体系的有效性和一致性，并对发现的问题进行及时处理，采取相应的纠正措施，防止问题再次发生。

经过数月的努力，××企业顺利通过ISO9001质量管理体系认证。这标志着企业在质量管理方面取得了重要的突破，产品质量得到显著提升，产品缺陷率大幅下降，客户投诉明显减少，市场口碑逐步提升。

4. 成效分析与经验总结

通过质量认证，××企业取得了以下成效。

产品质量稳定提升：质量管理体系的建立和实施，使企业的产品质量得到了有效控制和提升，满足了客户和市场的需求。

市场竞争力增强：产品质量的提升使企业在激烈的市场竞争中脱颖而出，销售额和市场占有率逐步扩大。

品牌形象提升：通过参加行业展览、参与公益活动等方式，企业的品牌知名度得到提升，逐渐成为行业内的知名品牌。

××企业的成功案例表明，质量认证是企业提升产品质量和市场竞争力的有效手段。通过质量认证，企业可以系统地提升质量管理水平，确保产品质量的稳定性和可靠性。团队合作和持续改进是质量认证成功的关键，企业需要建立跨部门的协作机制，确保质量管理体系的有效运行。同时，要持续关注新技术和新方法在质量管理领域的应用，不断提升质量管理水平。供应链管理是质量认证的重要环节，企业还需要与供应商建立紧密的合作关系，共同提升产品质量，确保供应链的稳定性和可靠性。

要求：请以项目组为单位，认真阅读案例，完成"任务实施"中的问题。

知识链接

✤ 知识点1：采购货物质量认证的定义

采购货物质量认证是指对采购的货物进行一系列的质量评估、检验和确认的过程，确保其符合预定的质量标准、技术规格和客户要求。这一过程包括对供应商的质量管理体系的审核、对货物的抽样检验、对生产过程的监控等多个环节，旨在确保所采购的货物在可靠性、安全性等方面达到规定的标准。

✤ 知识点2：采购货物质量认证的重要性

1. 提升产品质量

通过采购货物质量认证，企业可以确保所采购的原材料、零部件等符合质量标准，从而保障最终产品的质量和性能。这有助于提升企业的产品质量，增强客户满意度和市场竞争力。

2. 降低质量风险

采购货物质量认证可以帮助企业及时解决采购货物时发现的质量问题，减少因质量问题导致的退货、维修等成本，降低企业的质量风险。

3. 增强企业信誉

通过实施采购货物质量认证，企业可以向客户展示其对产品质量的重视，增强企业的信誉，树立良好的品牌形象。

4. 促进供应链合作

采购货物质量认证是供应链合作中的重要环节，有助于企业建立长期稳定的合作关系，提高供应链的效率和稳定性。

✤ 知识点 3：采购货物质量认证的流程

1. 确定采购货物的质量标准和要求

企业应根据实际情况和客户需求，确定采购货物的质量标准和要求，包括可靠性、安全性等方面的指标。

2. 选择合适的供应商

企业应对潜在供应商进行评估和筛选，选择具有相应资质和能力的供应商进行合作。

3. 审核供应商的质量管理体系

企业应对供应商的质量管理体系进行审核，确保其符合相关的质量标准和要求，具备稳定供应高质量货物的能力。

4. 抽样检验和测试

企业应对采购的货物进行抽样检验和测试，验证其是否符合预定的质量标准和要求。抽样检验和测试应遵循相关的标准和规范，确保检验结果的准确性和可靠性。

5. 评估结果和决策

企业应根据抽样检验和测试的结果，对采购货物的质量进行评估和决策。如果货物符合质量要求，则可以进行后续的生产和交付；如果货物存在质量问题，则需要与供应商进行沟通和协商，采取相应的措施进行整改。

✤ 知识点 4：企业如何实施采购货物质量认证

1. 建立完善的质量管理体系

企业应建立完善的质量管理体系，明确质量管理的目标、职责、流程和要求，确保质量管理的有效实施。

2. 选择合适的供应商

企业应对潜在供应商进行评估和筛选，选择具有相应资质和能力的供应商进行合作，确保采购货物的质量。

3. 签订明确的质量合同

企业应与供应商签订明确的质量合同，明确质量标准、检验方法、验收标准等，确保双方对质量要求有清晰的认识和共识。

4. 加强质量监控和评估

企业应对采购的货物进行持续的质量监控和评估，确保货物质量的稳定性和一致性，如发现质量问题，应及时采取措施进行纠正和改进。

5. 引入第三方认证机构

企业可以引入第三方认证机构对供应商和采购货物进行质量认证，以提高认证的公正性和权威性。同时，第三方认证机构可以提供专业的质量评估和技术支持，帮助企业提升质量管理水平。

任务实施

阅读"任务描述"，回答以下问题。

1. 对于××电子企业而言，其采购货物质量认证存在哪些问题？

_____

_____

_____

2. 针对采购货物质量认证存在的问题，该企业采取了哪些措施？

_____

_____

_____

3. 对一家企业而言，应如何实施采购货物质量认证？

_____

_____

_____

4. 各组派 1 名代表上台进行分享。

任务评价

在完成上述任务后，教师组织三方评价，并对学生任务执行情况进行点评。学生完成考核评价表（见表 3-3）的填写。

表 3-3 考核评价表

班级		团队名称		学生姓名	
团队成员					

考评项目		分值	要求	学生自评（30%）	团队互评（30%）	教师评定（40%）
知识能力	对采购质量认证的定义描述	20 分	描述正确			
	对采购质量认证的流程分析	20 分	分析正确			
	对企业如何实施采购货物质量认证分析	30 分	分析合理			
职业素养	文明礼仪	10 分	形象端庄文明用语			
	团队协作	10 分	相互协作互帮互助			
	工作态度	10 分	严谨认真			
成绩评定		100 分				
心得体会						

参考答案

一、单项选择题

1. 供应商质量管理的内容不包含（　　）。

A. 供应商选择　　　　B. 供应商评估　　　　C. 供应商监督　　　　D. 供应商沟通

2. 采购质量管理的基本方法中对供应商进行全面的评估属于（　　）。

A. 制定明确的质量标准和要求　　　　　　B. 建立供应商评估体系

C. 实施严格的质量检验和验收制度　　　　D. 加强与供应商的沟通与协作

3. （　　）不属于采购货物质量认证的重要性。

A. 提升产品质量　　　　　　　　　　　　B. 降低质量风险

C. 增强供应商信誉　　　　　　　　　　　D. 促进供应链合作

二、多项选择题

1. 采购过程质量管理内容包括 （　　　）。

A. 采购计划管理 　　　　　　　　B. 采购合同管理

C. 采购订单管理 　　　　　　　　D. 验收管理

2. 货物质量问题的处理内容包括 （　　　）。

A. 对供应商能力的评估与提升 　　B. 快速响应和有效解决

C. 建立质量反馈与学习机制 　　　D. 法律合规性

3. 企业如何实施采购货物质量认证 （　　　）。

A. 建立完善的质量管理体系 　　　B. 选择合适的供应商

C. 签订明确的质量合同 　　　　　D. 加强质量监控和评估

E. 引入第三方认证机构

三、判断题

1. 通过供应商评估体系，企业可以选择具有相应资质和信誉的供应商，降低采购风险。（　　　）

2. 对于货物质量问题这一核心议题的处理，治疗比预防更重要。（　　　）

3. 企业可以引入第三方认证机构对供应商和采购货物进行质量认证，以提高认证的公正性和权威性。（　　　）

04 PROJ 项目四

采购数量管理

◎ **知识目标**

- 了解库存管理的作用。
- 了解影响库存的因素。
- 掌握定量订货法和定期订货法的基本原理、适用范围。
- 掌握定量订货法和定期订货法的库存控制策略。

※ **能力目标**

- 能够对影响库存的因素进行分析，提供合理的建议。
- 能够运用定量订货法采购。
- 能够运用定期订货法采购。

※ **思政目标**

- 培养学生不负韶华、不负时代的爱国情怀，激发学生的奋斗精神。
- 培养学生铸大国重器、成栋梁之材的意识，增强学生对民族发展进步的自豪感。
- 培养学生的社会主义核心价值观，增强学生社会责任感。
- 培养学生的劳模精神和工匠精神，增强学生劳动意识。

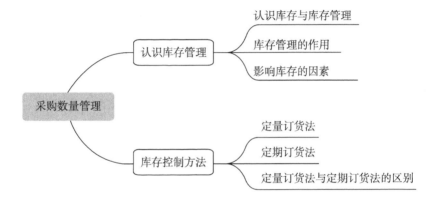

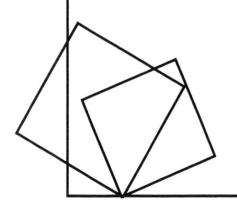

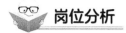 **岗位分析**

岗位1：物资管理岗

岗位职责：负责物资供应市场调研、价格监测、供应商管理、材料管理等工作。

典型工作任务：物资需求计划的制订与审核、采购策略的制定与实施、库存控制与物资保管、物资发放与配送管理、供应商协调与评估、成本控制和预算分析、物流运输及仓储设备管理、团队协同沟通及信息反馈机制的构建。

职业素质：具备专业知识与技能、团队协作和沟通能力、采购策略和谈判技巧、库存控制及管理方法。

职业能力：持续改进物资管理流程，提升团队绩效，加强供应链管理，建立合作伙伴关系，进行货物出入库及设备操作维护。

可持续发展能力：通过合理的采购策略、库存管理和物资分发，确保企业生产顺利进行的同时，减少资源浪费和环境影响。

岗位2：物料计划员

岗位职责：确保物料供应的及时性和准确性，满足生产、销售或其他业务需求；负责物料需求的预测和计划制订，根据生产计划和销售预测，制订物料需求计划；负责物料采购的协调和管理，与供应商沟通，确保物料按时按量到达；负责库存管理和控制，确保库存水平满足生产需求，同时避免过多的库存积压；负责物料信息的维护和更新，确保物料信息的准确性和完整性；协助项目经理进行项目管理，包括项目文档的归档、项目状况的跟踪等。

典型工作任务：维护物料信息系统，更新物料的基本信息、价格、供应商信息。

职业素质：为人正直，诚实守信；具有较强的责任心、敬业精神和职业道德，能够积极主动地开展工作；具备较强的分析问题和解决问题的能力。

职业能力：具备良好的沟通协调能力，能够与供应商、内部团队和其他相关部门进行有效沟通。

可持续发展能力：物料计划的可持续发展能力是企业实现长期稳定发展的关键因素之一，企业需要关注市场需求预测、技术创新和社会责任等方面，不断提高物料计划的可持续发展能力，以适应不断变化的市场环境和社会需求。

 项目导读

党的二十大报告指出："加快发展物联网，建设高效顺畅的流通体系，降低物流成本。"对于企业物流成本控制而言，加强库存控制，提升企业竞争力、实现高质量发展尤为重要。通过科学规划和精准预测，提高企业库存管理水平，减少资金占用，提高资金使用效率。合理的库存控制能帮助企业应对市场波动，保障生产稳定，提升客户满意度。

对于企业成本控制而言，采购数量管理是企业采购管理中非常重要的一环，直接关系到企业的采购成本和库存成本。合理的采购数量管理能够有效避免物料过剩和缺货现象，最大限度地降低采购成本和库存成本。

精确的采购数量管理有助于企业制定准确的采购预算。采购部门可以根据生产计划、销售预测等因素确定合理的采购数量，从而准确计算出所需的采购资金。这使企业的财务部门能够更好地进行资金安排，避免资金的闲置或资金短缺情况的发生。

恰当的采购数量可以维持合适的库存水平。库存过少会影响生产的连续性和销售的及时性。例如，对于一家汽车制造企业，如果轮胎的采购数量不足，可能会导致生产线停工待料，造成生产效率低下和交货延迟。而库存过多则会占用大量的仓库空间，并且增加库存过时和贬值的风险。

采购数量管理可以降低库存缺货和积压的风险。通过准确的需求预测和采购数量规划，企业能够有效应对市场需求的波动。稳定合理的采购数量有利于与供应商建立长期稳定的合作关系。当企业能够向供应商提供相对稳定、合理的采购订单数量时，供应商可以更好地安排生产计划，降低生产成本。

任务一 认识库存管理

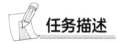**任务描述**

一汽大众的"零库存"

一汽–大众汽车有限公司（以下简称"一汽大众"）实现"零库存"的方法。

（1）进货的"零库存"处理流程

一汽大众零部件的送货形式有以下三种。

第一种是电子看板，即企业每月把生产信息用扫描的方式通过网络传送到各个供货厂，供货厂根据这一信息安排生产，然后企业按照生产情况发出供货信息，供货厂则马上用自备车辆将零部件送到企业各车间的入口处，再从入口处分配到车间的工位上。

第二种是"准时化"，即企业按整车顺序把配货单传送到供货厂，供货厂也按顺序装货，直接把零部件送到工位上，从而取消了中间仓储环节。

第三种是批量进货，供货厂每月对于那些不影响大局又没有变化的小零部件分批量地送1~2次。

（2）在制品的"零库存"管理

企业很注重在制品的"零库存"管理，在该企业流行着这样一句话：在制品是万恶之源，用以形容大量库存带来的种种弊端。在生产初期，车的品种比较单一，颜色也只有蓝、白、红三种。企业的生产需要有大量的库存来保证。随着市场需求的日益多样化，传统的生产组织方式面临着严峻的挑战。

在整车车间，生产线上每辆车的车身上都贴着一张生产指令表，零部件的种类及装配顺序一目了然。计划部门控装车顺序通过计算机网络向各供货厂下达指令，供货厂按照顺序生产、装货，生产线上的工人按顺序组装，一伸手拿到的零部件保证就是他正在操作的车上的。物流管理就这样使原本复杂的生产变成了简单而高效率的"流水线工程"。

（3）实现"无纸化办公"

随着物流控制系统的逐步完善，计算机网络由控制实物流、信息流延伸到企业的决策、生产、销售、财务核算等各个领域，使企业的管理步入科学化、透明化。企业已实现了"无纸化办公"，各部门之间均通过电子邮件联系。

要求：请以项目组为单位，认真阅读案例，完成"任务实施"中的问题。

 **知识链接**

✤ 知识点 1：认识库存与库存管理

当前，企业越来越重视库存与库存管理。库存是有成本的，在很多企业里库存成本占用大量的流动资金。减少库存，降低库存成本，追求零库存是企业库存管理的核心，也是企业"第三个利润源泉"的重点所在。

1. 库存的定义

库存的定义：以支持生产、维护、操作和客户服务为目的而存储的各种物料，包括原材料和在制品，维修件和生产消耗品，成品和备件等。

在企业物流活动中，企业持有的库存有不同的形式，从不同的角度可以对库存进行不同的分类。

（1）按库存在生产和配送中所处的状态进行分类

按库存在生产和配送中所处的状态进行分类，库存可分为原材料库存、在制品库存、维修库存和产成品库存。

①原材料库存。原材料库存存在于企业的供应物流阶段，是指企业通过采购和其他方式取得的用于制造产品并构成产品实体的物品，以及供生产耗用但不构成产品实体的辅助材料、修理用备件、燃料以及外购半成品等，用于支持企业内制造或装配过程的库存。

②在制品库存。在制品库存存在于企业的生产物流阶段，是指已经过一定生产过程，但尚未全部完工，在销售以前还要进一步加工的中间产品和正在加工中的产品，包括处在产品生产不同阶段的半成品。

③维修库存。维修库存存在于企业的生产物流阶段，是指用于维修与养护的、经常消耗的物品或部件，如石油润滑脂和机器零件，不包括产成品的维护活动所用的物品或部件。

④产成品库存。产成品库存存在于企业的销售物流阶段，是指准备运送给消费者的完整的或最终的产品。这种库存通常由不同于原材料库存的职能部门来控制，如市场部门或物流部门。

（2）按照库存的作用分类

按照库存的作用可将库存分为周转库存、安全库存、调节库存和在途库存。

①周转库存。企业为了降低采购成本或生产成本，进行批量性采购或批量性生产，由此产生批量性周期库存，称之为周转库存，周转库存的大小与订货频率成反比，即订货频率越高，周转库存就越小。

②安全库存。企业为了应付需求、生产周期或供应周期可能发生的不可预测变化而设置的一定数量的库存，称之为安全库存。

③调节库存。调节库存是用于调节需求或供应的不均衡、生产速度与供应速度不均

衡、各个生产阶段的产出不均衡而设定的。例如，为了保持季节性需求产品的生产能力的均衡，将淡季生产的产品置于调节库存，以备旺季需求，即用调节库存来缓冲生产能力与需求之间的矛盾。

④在途库存。在途库存是指从一个地方到另一个地方处于运输过程中的物品。虽然在途库存在没有到达目的地之前还不能用于销售或发货，但可以将在途库存视为周转库存的一部分，这种库存是一种客观存在，而不是有意的设置，在途库存的大小取决于运输时间以及该时间内的平均需求。

2. 库存管理的定义

库存管理是指在满足顾客服务要求的前提下，通过对企业的库存水平进行控制，尽可能降低库存水平、提高物流系统的效率，从而提高企业的市场竞争能力。

库存管理包括库存成本管理和库存控制等，而库存管理的核心环节是库存控制，库存控制的核心内容是如何在满足需要的前提下，保持合理的库存水平。

✤ 知识点 2：库存管理的作用

企业不同部门对于库存管理有着不同的意见，为了达到最优库存管理，需要协调各部门活动。企业的各部门应当以实现企业的整体效益为目标。

库存管理在企业经营中的作用可归纳为以下几点。

（1）增强企业生产计划柔性

激烈的市场竞争导致外部需求的波动属于正常现象，企业进行库存管理可以减少其生产压力。

（2）满足不断变化的客户需求

库存管理可以确保企业及时生产出客户想要的产品，满足客户不断变化的需求。

（3）防止生产的中断运行

库存管理可以确保企业的生产不会被中断。

（4）避免产品脱销

库存管理可以帮助企业应对需求和交付时间的多变性，避免产品脱销情况的发生。

✤ 知识点 3：影响库存的因素

1. 客户服务水平

企业为了更好地满足客户可得性而大量提高库存克服需求的波动性是非经济的。企业要保证其库存能够及时满足客户的需求。

2. 订货批量

采购策略不同，对库存的影响也不同。如果采购次数频繁且批量小，库存数量通常较少；如果采购次数少但批量大，库存数量则会较多。因此，采购策略对库存有直接影响。在此基础上，产生了通过控制采购批量来控制库存的方法——经济订货批量法，就是对采

购时间、数量等进行控制，从而达到对整个库存控制的目的。

3. 物流渠道中货物流转的速度

由于生产和销售的连续性，必须考虑物流渠道中货物流转的速度。货物流转速度快，对库存的依赖就会减少，库存数量则可以相应地减少；货物在渠道中流转速度慢，不确定因素随时间的增加而增加，对库存的依赖就会增加，库存数量则会相应地增加。

4. 预测精确度

如果对最终产品的需求预测较为准确，那么库存会相对固定。对独立需求的预测则由于需求的不规律性而导致预测不可能精确。因此，对独立需求库存而言，预测越精确，不必要的库存就会越少，安全库存也会越小。事实上，如果可以100%精确地预测补货提前期和需求，就不需要安全库存。

5. 供应和销售的波动幅度

供应和销售都会因为各种原因产生波动，如意外事件、市场的价格波动、消费者偏好的变化、新产品的推出等。此外，供应和销售本身就存在一定的波动幅度。因此，为了保证生产和销售，不得不按照波动幅度保有一定的库存，以保证生产和销售的需求。对此，可以根据产品在不同的生命周期波动幅度不同等性质来调节库存。

6. 库存成本

库存成本是决定库存量的重要因素，适当的库存量控制是在实现总成本最低的情况下实现的。成本因素对库存产生的重要影响包括以下几个方面。

（1）采购成本

补货时采购商品的相关成本往往是决定采购数量的重要经济因素。发出补货订单后，就会产生一系列与订单处理、准备、传输、操作、购买相关的成本。确切地说，采购成本可能包括不同订货批量下产品的价格或制造成本，如生产的启动成本；订单经过财务、采购部门的处理成本；订单（常常通过邮寄或电子方式）的传输成本；货物运输成本（若采购价格不含运输费用）；在收货地点的所有物料搬运或商品加工成本。如果企业由内部供货，比如企业的工厂为自己的成品库补货，采购成本就要随着生产启动成本的变化而变化。如果采用的是运到价格，那么就不涉及运输成本。

上述有些采购成本相对每个订单而言是固定的，不会随着订货规模而变化。其他成本，如运输成本、生产成本和物料搬运成本则会随着订货规模而变化。分析采购成本时，需要对各种情况区别考虑。

（2）库存持有成本

库存持有成本是因一段时期内存储或持有商品而导致的。库存持有成本可以分成四种：空间成本、资金成本、库存服务成本和库存风险成本。

空间成本是指因占用存储建筑内立体空间所支付的费用。如果是租借的空间，存储费用取决于与存储量相联系的固定成本。在计算在途库存的持有成本时，不必考虑空间成本。

资金成本是指库存占用资金的成本。该成本可占到总库存成本的80%，同时是各项库存持有成本中最难控制的、最具主观性的一项。其原因有两个：第一，库存是短期资产和长期资产的组合，有些存货仅为满足季节性需求服务，而有些存货则为迎合长期需求而持有。第二，从优惠利率到资金的机会成本，资金成本差异巨大。人们对用于库存的资金成本的计算方式争论已久，有些企业使用资金成本的平均值，有些企业则使用企业投资的平均回报率。

库存服务成本是指库存物资的保险、税收和保养等支出。保险作为一种保护措施，帮助企业预防火灾、风暴或偷盗等所带来的损失。税收评估水平只能粗略反映一年的平均库存水平。

库存风险成本是指由产品变质、短少、破损或报废相关的费用构成的库存持有成本。在保有库存的过程中部分存货会被污染、损坏、腐烂、被盗或由于其他原因不能用于销售。与之相关的成本可用产品价值的直接损失来估算，也可用重新生产产品或从备用仓库供货的成本来估算。

（3）缺货成本

缺货成本是由于无法满足用户的需求而产生的损失。缺货成本包括失销成本和延期交货成本。

当出现缺货时，如果客户选择收回其购买要求，就产生了失销成本。该成本就是本应获得的这次销售的利润，也可能包括缺货对未来销售造成的消极影响。那些容易以其他竞争性品牌来替代的商品（如面包、汽油、饮料等），最容易产生失销成本。

如果客户愿意等待订单履行，那么就不会发生失销的情况，只会出现订单履行的延期，那么就会产生延期交货成本。如果延期交货的订单不是通过正常的分拨渠道来履行，那么可能由于额外的运输和搬运成本而产生额外的办公费用和销售成本。这些成本是实际发生的，因而衡量起来并不困难。同时会有无形的失去未来销售机会的成本，这是很难衡量的。那些在客户心目中有差异的产品（如汽车、大型仪器等）更容易出现延期交货情况，而客户不会去选择替代品。

（4）其他因素

①需求变化。生产时对原材料的需求（如产品技术规格、品种结构等）发生变化。

②市场预期。随着时间的变化，货物的价格及稀缺性呈现出一定的变化规律，如季节性等有规律的变化。

③供应商的相关情况。供应商的可靠性、生产能力及采购周期等的变化，将对库存产生一定的影响。

④产品更新。包括采购方终端产品的更新趋势及供应商所供应货物的更新趋势。

⑤安全库存。为应对各种意外情况的发生而影响生产所设置的最低库存为安全库存。安全库存设置的多少，对库存量产生直接影响。

⑥采购提前期。在确定库存量或安全库存时，要充分考虑采购提前期，以便为供应商的生产准备、生产及运输过程预留时间。

⑦商品价格。商品价格是库存成本的重要构成部分，商品价格的高低直接影响库存商品的成本，因此会对库存成本产生重要影响。

任务实施

阅读"任务描述"，回答以下问题。

1. 一汽大众为实现"零库存"，零部件的送货形式采取了哪些措施？

_____

_____

_____

_____

2. 我国的制造业企业应如何利用现代物流方式，实现"零库存"？

_____

_____

_____

_____

3. 各组派 1 名代表上台进行分享。

任务评价

在完成上述任务后，教师组织三方评价，并对学生任务执行情况进行点评。学生完成考核评价表（见表 4-1）的填写。

表 4-1　　　　　　　　　　考核评价表

班级		团队名称		学生姓名	
团队成员					

	考评项目	分值	要求	学生自评（30%）	团队互评（30%）	教师评定（40%）
知识能力	对库存与库存管理的定义描述	20分	描述正确			
	对库存管理的作用分析	20分	分析正确			
	对影响库存的因素分析	30分	分析合理			
职业素养	文明礼仪	10分	形象端庄文明用语			
	团队协作	10分	相互协作互帮互助			
	工作态度	10分	严谨认真			
成绩评定		100分				
心得体会						

任务二　库存控制方法

 **任务描述**

电气销售案例

W 先生是一家电器销售分公司的物流主管，该公司 2017—2023 年 P 型号电视的实际销量如表 4-2 所示。

表 4-2　　　　　　　　　**2017—2023 年 P 型号电视的实际销量**

年份	2017	2018	2019	2020	2021	2022	2023
销售量（台）	4000	4250	4500	4900	5400	5750	6200

P 型号电视的成本价为每台 2000 元，而处理每笔订货大约要花费 10 元。此外，W 先生从财务部门了解到，公司年度存货储存成本约为 10%。

要求：请以项目组为单位，认真阅读案例，分别从经济订货批量以及总成本进行分析，完成"任务实施"中的问题。

 **知识链接**

❖ **知识点 1：定量订货法**

1. 定量订货法原理

定量订货法是指当库存量下降到预定的最低库存量（订货点）时，按规定数量（一般以经济订货批量 EOQ 为标准）进行订货补充的一种库存控制方法。

定量订货法原理是当库存量下降到订货点 R 时，即按预先确定的订货批量 Q 发出订货单，经过交纳周期（订货到货间隔时间）LT，库存量继续下降，到达安全库存 S 时，收到订货批量 Q，库存水平上升。定量订货法原理图如图 4-1 所示。

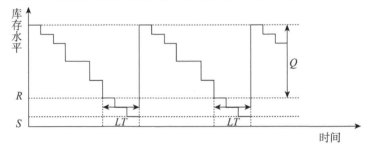

图 4-1　定量订货法原理图

该方法主要靠控制订货点 R 和订货批量 Q 两个参数来控制订货，达到既最好地满足库存需求，又能使总费用最低的目的。在订货交纳周期不变的条件下，订货点 R 由下面公式确定：

$$订货点=日需求量（平均每天耗用量）×供货周期$$

$$R=D/年工作日×L$$

式中：R——订货点，即当库存降至此数量时订货；

　　　D——年需求量；

　　　L——供货周期，又称订货提前期，即开始订货到货物入库的时间。

当需求或供货周期不能完全确定时，就需要建立安全库存。所谓安全库存，就是为了预防临时用量增大或到货间隔期延长而多储备的库存量。其计算公式如下：

$$安全库存=（统计每天最大耗用量−平均每天正常耗用量）×供货周期$$

这时的基本订货点的公式变为：

$$R=D/年工作日×L+S$$

式中，S 为安全库存。

【例1】假定每日正常出库量为 120 件，日最低安全库存量为 160 件，如果经销商习惯接到订单后 6 天发货，而路途运输的时间是 7 天，那么合理的订货点应该是？

解：$R=120×（6+7）+160=1720$（件）

2. 定量订货法应用

定量订货法以储存成本与订货成本总和最低为原则，先确定出相对固定的经济订货批量和订货点，每当库存量降低到订货点时，即按预定的经济订货批量组织订货。

实施定量订货法需要确定两个控制参数，一个是订货点，即订货点库存量；另一个是订货数量，即经济订货批量。

（1）订货点的确定

影响订货点的因素包括：订货提前期、平均需求量、安全库存。

根据预定服务水平确定安全库存，若订购时间及实际需求量 D_i 的随机波动可以确定为某种统计分布，且需求量的统计资料比较可靠和完备，则可运用数理统计的有关方法，从满足预定的某一服务水平（不缺货概率）出发，来确定必要的安全库存。实践表明，很多物资订购期间实际需求量出现的概率是呈正态分布的。因此，这里将按正态分布的原理来确定安全库存。

$$安全库存=安全系数×订购期间实际需求量的标准差 \sigma$$

$$\sigma = \sqrt{\frac{\sum (D_i - D_a)^2 f_i}{\sum f_i}}$$

式中：D_i——实际需求量；

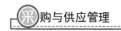

D_a——需求量平均值；

f_i—需求量 D_i 相应的出现次数。

式中的安全系数可根据安全系数值表（不缺货概率）得到。不缺货的概率＝1−允许缺货概率，不缺货概率可根据企业长期经营的经验预测。若服务水平不低于98%，则表示在100个订货期间内允许缺货次数不得少于2次。

【例2】 某物资仓库对过去50个实际需求量 D_i 进行统计，如表4-3所示，如果要求服务水平不低于98%，试确定安全库存。安全系数表如表4-4所示。

表4-3 需求量分布

实际需求量 D_i	0	80	90	100	110	120	130
出现次数 f_i	1	2	9	25	10	2	1

表4-4 安全系数表

服务水平	0.9988	0.99	0.98	0.95	0.90	0.80	0.70
安全系数	3.5	2.33	2.05	1.65	1.29	0.84	0.53

解：

①计算订货期间实际需求量标准差

$$\sigma = \sqrt{\frac{\sum (D_i - D_a)^2 f_i}{\sum f_i}} = 19.1$$

②服务水平不低于98%，安全系数为2.05。

③安全库存＝安全系数×订购期间实际需求量的标准差

$$= 2.05 \times 19.1 \approx 39 \text{（件）}$$

即安全库存为39件。

（2）经济订货批量的确定

经济订货批量是试图寻找使库存总成本最低的订货数量，它是通过平衡订货成本和储存成本两方面得到的。储存成本随订货批量的增加而增加；当总需求相对稳定时，每次订货量的增加意味着总的订货次数的减少，从而使订货成本降低。

①理想的经济订货批量的计算

理想的经济订货量指不考虑缺货、数量折扣以及其他因素影响时的经济订货批量，适用于整批间隔进货、不允许缺货的存储问题。该模型假设如下：供货周期固定并已知；需求量确定并已知，整个周期内的需求是均衡的；集中到货，而不是陆续入库；不允许缺货，能满足所有需求；购买价格或运输费率等是固定的，并与订购的数量、时间无关；没有在途库存；资金可用性无限制。

在以上假设前提下，库存成本与订货批量的关系如图 4-2 所示。

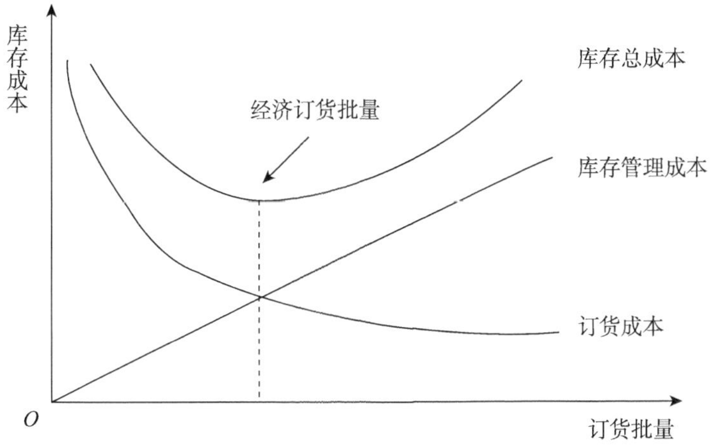

图 4-2　库存成本与订货批量的关系

总之，理想的经济订货批量（EOQ）模型假设需求率不变、前置时间不变、单价不变、每次订货的订购成本不变、单位储存成本不变，且每批订货瞬间到达。故无须持有存货。

在理想的 EOQ 模型中，单项物品的库存总成本由购入成本、订购/生产准备成本、储存成本、缺货成本四部分组成，可用下述公式来表述：

年总成本＝购入成本+订购成本+储存成本+缺货成本

因为不允许缺货，则有：

年库存总成本＝购入成本+订购成本+储存成本

$$TC=D+\frac{CD}{Q}+\frac{HQ}{2}$$

式中：D——年需求量；

　　　C——每次订货的订购成本；

　　　H——每单位物品每年的储存成本；

　　　Q——经济订货批量；

　　　TC——年库存总成本。

推导可得：

$$Q=\sqrt{\frac{2CD}{H}}$$

【例3】某企业某种物料年需求量为800箱，每次订购成本为25元，单价为16元，年存储费用率为单价的25%，问其经济采购批量为多少？

解：

$$Q = \sqrt{\frac{2CD}{H}} = \sqrt{\frac{2 \times 25 \times 800}{25\% \times 16}} = 100 \text{（件）}$$

②有价格折扣的经济订货批量的计算

在价格折扣情况下，各项成本是不连续的，尽管目标函数仍是极小库存总成本，但却无法通过求导得到。通常采用以下步骤确定最佳订货批量。

a. 按不同价格分别计算经济订货批量，并确定该经济订货批量是否有效。

b. 计算每个有效经济订货批量对应的年库存总成本。

c. 比较以上计算出的各项年库存总成本，选取总成本最小的订货量，即为最佳经济订货批量。

【例4】某企业制造工业产品，每年需采购零件为10000只，每次订购成本为100元，购买单件价格为16元，为促进销售，一次购买520只（包含520只）以上，可享受价格折扣10%，若一次购买800只（包含800只）以上，享受折扣20%，其中单位储存成本为价格的50%，求企业的最佳订购批量。

解：根据题意，确定价格折扣区间，如表4-5所示。

表4-5   折扣区间

订货批量（只）	$0 < Q < 520$	$520 \leqslant Q < 800$	$Q \geqslant 800$
折扣价格（元）	16	$16 \times 0.9 = 14.4$	$16 \times 0.8 = 12.8$

计算各区间的有效经济订货批量：

$$Q_1 = \sqrt{\frac{2CD}{H}} = \sqrt{\frac{2 \times 10000 \times 100}{16 \times 50\%}} = 500 \text{（只）}$$

$$Q_2 = \sqrt{\frac{2CD}{H}} = \sqrt{\frac{2 \times 10000 \times 100}{14.4 \times 50\%}} \approx 527 \text{（只）}$$

$$Q_3 = \sqrt{\frac{2CD}{H}} = \sqrt{\frac{2 \times 10000 \times 100}{12.8 \times 50\%}} \approx 559 \text{（只）}$$

当 $P = 16$，$Q_1 = 500$，符合 $0 < Q < 520$；有效。

当 $P = 14.4$，$Q_2 = 527$，符合 $520 \leqslant Q < 800$；有效。

当 $P = 12.8$，$Q_3 = 559$，不符合 $Q \geqslant 800$；无效，取 $Q = 800$。

计算经济批量下的年库存总成本：

$$P = 16, \quad TC_1 = 164000 \text{（元）}$$

$$P = 14.4, \quad TC_2 = 147794.73 \text{（元）}$$

$$P = 12.8, \quad TC_3 = 131810 \text{（元）}$$

确定最佳经济订购批量，根据最小库存成本，选择最佳订货批量为800只。

③延期购买条件下的经济批量模型

当企业向供应商订货时，在供应商库存不足发生缺货的情况下，如果不转向购买其他供应商的替代产品而是延期购买的话，供应商为了尽快满足顾客需要，加班生产产品，快速运送发货。这样对供应商来说由于加班和快速发送而产生延期购买成本，在这种情况下，需要对经济批量模型进行必要的修正：

$$Q^* = \sqrt{\frac{2CR}{H}} \times \sqrt{\frac{H+B}{B}}$$

式中，B——单位产品延期购买成本。

因此延期购买条件下的经济订货批量要大于正常经济订货批量。

3. 定量订货法的适用范围

因为定量订货法的订货量固定，所以具有管理方便、便于采用经济订货批量进行订货等优点，但同时具有不便于严格管理、事前计划比较复杂等缺点。通常在下面几种情况下采用定量订货法：

①单价比较便宜、便于少量订货的产品，如螺栓、螺母等；

②需求预测比较困难的维修材料；

③品种数量繁多、库房管理事务量大的物品；

④消费量计算复杂的产品；

⑤通用性强、需求总量比较稳定的产品等。

4. 定量订货法的优缺点

（1）定量订货法的优点

①控制参数一经确定，则实际操作就变得非常简单。在实际操作中经常采用"双堆法"来处理，即将商品库存分为两堆：一堆为经常库存，另一堆为订货点库存。当消耗完订货点库存就开始订货，并使用经常库存，不断重复操作。这样可以减少经常盘点库存的次数，方便可靠。

②当订货批量确定后，商品的验收、入库、保管和出库业务的办理可以利用现有规格化器具和计算方法，从而有效节约搬运、包装等方面的作业量。

③可充分发挥经济订货批量的作用，降低库存成本，节约费用，提高经济效益。

（2）定量订货法的缺点

①要随时掌握库存状态，严格控制安全库存和订货点库存，占用一定的人力和物力。

②订货模式过于机械，不具有灵活性。

③订货时间不能预先确定，不利于人员、资金、工作业务的计划安排。

④受单一订货的限制，若实行多种联合订货方式，采用此方法还需灵活处理。

5. 库存控制策略

定量采购策略泛指通过公式计算或经验得出最高库存量 S 报警点 s 和每次订货批量 Q，

并且当库存量下降到报警点 s 点时，就进行订货的存储策略。通常使用的策略有（Q、s）制、（S、s）制、（T、S、s）制等。

（1）（Q、s）制

采用这种策略需要确定订货批量 Q 和报警点 s 两个参数。（Q、s）制属于连续监控制（又称永续盘点制），即每供应一次就结算一次，得出一个新的账面数字和报警点进行比较，当库存量达到报警点 s 时，就立即以订货批量 Q 进行订货。

（2）（S、s）制

这种策略是（Q、s）制的改进，需要确定最高库存量 S 及报警点 s 两个参数。（S、s）制属于连续监控制，每当库存量达到或低于报警点 s 时，就立即订货，使订货后的名义库存量达到最高库存量 S，因此，每次订货批量 Q 是不固定的。

（3）（T、S、s）制

这种策略需要确定记账间隔 T、最高库存量 S 和报警点 s 三个参数。（T、S、s）制属于间隔监控制，即每隔一段时间整理账面，检查库存。当库存等于或低于报警点 s 时，应立即订货使订货后名义库存量达到最高库存量 S，因而每次实际订货批量是不同的。当检查实际库存量高于报警点 s 时，不采取订货措施。

❖ **知识点 2：定期订货法**

1. 定期订货法原理

定期订货法是指预先确定一个订货周期和一个目标库存水平，然后以规定的订货周期为周期，周期性地检查库存，发出订货的方法。订货批量的大小每次都不相同，订货批量的大小等于当时的实际库存量与规定的目标库存水平的差额。这种方法会进行程序化的自动订货，反复运行。定期订货法原理如图 4-3 所示。

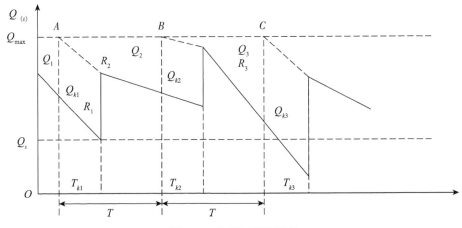

图 4-3　定期订货法原理

2. 定期订货法应用

（1）订货周期的确定

订货周期一般根据以往的经验确定，主要考虑制订的生产计划的周期时间，常取月或季度作为库存检查周期，也可以借用经济订货批量的计算公式确定能使库存成本降到最低的订货周期。具体计算公式如下：

$$n = \frac{R}{Q}, \quad T = \frac{Q}{R} = \frac{\sqrt{\frac{2CR}{H}}}{R} = \sqrt{\frac{2C}{HR}}$$

式中：T——经济订货周期；

$\quad\quad C$——单位订货成本；

$\quad\quad H$——单件产品的平均年库存保管费用；

$\quad\quad R$——单位时间内库存商品的需求量（销售量）。

定期订货周期确定的主要依据为：

①人们习惯的日历时间单元。订货周期采用人们习惯的日历时间单元，如周、旬、季、年等。人们通常按这些时间单元安排生产计划、工作计划。采用这样的时间单元可以与生产计划、工作计划相吻合，比较方便。

②供应商的生产周期或供应周期。有些供应商是多品种轮番批量生产，或是季节性生产，有一个生产周期或供应周期，订货周期要与供应商的生产周期、供应周期一致，才能够订到货物。

③经济订货周期。经济订货周期与经济订货批量一样，都是根据补充缺货瞬时到货情况下总费用最省的原理计算出来的。

【例5】某单位对商品的全年需求量为1440件，每次订货成本为40元，单位产品的平均年库存保管费用为2元，求经济订货周期。

解：$T = \sqrt{\frac{2C}{HR}} = \sqrt{\frac{2 \times 40}{2 \times 1440}} = 0.17$（月）

（2）目标库存水平的确定

目标库存水平是指能够满足订货周期加订货提前期内的需求量的库存水平，即最高库存量。它包括两部分：一部分是订货期加提前期内的平均需求量，另一部分是根据服务水平保证供货概率的安全库存。其具体计算公式如下：

$$M = r(L+T) + S$$

式中：M——最高库存；

$\quad\quad T$——订货周期；

$\quad\quad L$——订货提前期；

$\quad\quad r$——平均日需求量；

S——安全库存。

（3）订货批量的确定

每次订货的批量是不确定的，订货批量的多少由当时的实际库存量的大小决定，每次订货批量的计算公式是：

$$Q=r（L+T）+S-Q_1-Q_2+Q_3$$

式中：*Q*——每次订货批量；

   r——平均日需求量；

   T——订货周期；

   L——订货提前期；

   S——安全库存；

   Q_1——实际库存量；

   Q_2——在途到货量；

   Q_3——顾客延迟购买量。

在使用定期订货法确定订货批量时，要考虑到达订货点时的在途到货量和已发出出货指令尚未出货的待出货量。

【例6】某种物料的订购周期为10天，每日需要量为20t，安全库存定额为200t。

（1）如果企业采取定期订货法采购，每30天订购一次，订购当日的现有库存量为450t，已经订购但尚未到货的数量为45t，求订购批量。

（2）若采用定量订购方式，试确定其订货点。

解：（1）采取定期订货的订货批量：

$$Q=r（L+T）+S-Q_1-Q_2+Q_3=20×（10+30）+200-450-45+0=505（t）$$

（2）采取定量订货的订货点：

$$R=r×L+S=20×10+200=400（t）$$

3. 定期订货法的适用范围

定期订货法的订货时间固定，每次的订货批量不固定，根据该特点总结出适合使用定期订货法的几种情况：

①消费金额高、需要实施严格管理的重要物品，如 A 类物品。

②根据市场状况和经营方针需要经常调整生产或采购数量的物品。

③需求量变动幅度大，但变动具有周期性，而且可以正确判断其周期的物品。

④建筑工程、出口等时间可以确定的物品。

⑤受交易习惯的影响，需要定期采购的物品。

⑥多种商品一起采购可以节省运输费用的物品。

⑦分散保管、向多家供应商订货、批量订货分期入库等订货、保管和入库不规则的物品。

⑧取得时间很长的物品，定期生产的物品。

⑨制造之前需要人员和物料准备、只能定期制造的物品等。

4. 定期订货法的优缺点

（1）定期订货法的优点

①可以根据实际情况自由调整订购量。

②可以顺应需求做出变动，需求预测比较精确。

③订购周期固定，可以有计划地进行作业管理，不必每天检查库存。

④能同时进行各个品种的商品采购，库存量也可以减少。

（2）定期订货法的缺点

①在管理上很费工夫，因此很难适用于很多商品。

②库存量的确认作业，手续相当繁琐。

③因为每次在订货时才决定订货批量，因此决策和管理困难。

④需求变动较大的商品很难做出库存调整。

5. 库存控制策略——（T、S）制

根据定期订货法，常采用的库存控制策略为（T、S）制库存控制策略。（T、S）制库存控制策略需要确定订购间隔 T 和最高库存量 S 两个参数，属于间隔监控，即每隔 T 时间检查库存，根据剩余存储量和估计的需求量确定订货批量，以使库存量恢复到最高库存量 S。

❖ 知识点 3：定量订货法与定期订货法的区别

表 4-6 定量订货法与定期订货法的区别

订货方法	定量订货法	定期订货法
订货批量	每次订货批量保持不变	每次订货批量不同
到货时间	订货间隔期变化	订货间隔期不变
库存检查	随时进行货物库存状况的检查	在订货周期到来时检查
订货成本	较高	较低
订货种类	每个货物品种单独进行订货作业	各品种统一进行订货
订货对象	B、C 类商品	A 类商品
缺货情况	缺货情况只是发生在已经订货但货物还未收到的订货提前期	在整个订货间隔期内以及订货提前期内均有可能发生缺货

任务实施

阅读"任务描述",回答以下问题。

1. 若设定 $\alpha=0.2$,预测公式为 $F_{t+1}=\alpha A_t+(1-\alpha)F_t$,若用 2017—2021 年这 5 年实际销量的平均值作为 2021 年的预测销量,请用上述公式预测 2024 年的销量为多少?

_____
_____
_____

2. 根据 2024 年的预测销量,计算分公司 P 型号电视订货的经济批量(EOQ)。

_____
_____

3. 按照总公司物流成本核算的规定,运输费必须算到各分公司的物流成本中去,所以 W 先生必须合理安排电视的进库运输。如果工厂的配送中心发一辆车到 W 先生所在销售分公司的运费为 1000 元,每辆车满载可以装载 40 台 P 型号的彩电,当必须考虑运输成本时,请确定订货批量以多少为佳?

_____
_____
_____

4. 各组派 1 名代表上台进行分享。

任务评价

在完成上述任务后,教师组织三方评价,并对学生任务执行情况进行点评。学生完成考核评价表(见表 4-7)的填写。

表 4-7 考核评价表

班级		团队名称			学生姓名	
团队成员						
	考评项目	分值	要求	学生自评 （30%）	团队互评 （30%）	教师评定 （40%）
知识能力	对预测计算要点分析	20 分	分析正确			
	对 EOQ 服务要点分析	20 分	分析正确			
	对总成本要点分析	30 分	分析合理			
职业素养	文明礼仪	10 分	形象端庄 文明用语			
	团队协作	10 分	相互协作 互帮互助			
	工作态度	10 分	严谨认真			
	成绩评定	100 分				
心得体会						

参考答案

一、单项选择题

1. 下列关于定期订货法描述正确的是（　　　）

A. 订货周期固定，订货量不固定　　　B. 订货周期不固定，订货量固定

C. 订货周期固定，订货量固定　　　D. 订货周期不固定，订货量不固定

2. 某仓库 A 商品年需求量为 2400 箱，单位商品年保管费为 6 元，每次订货成本为 8 元，则经济订购批量为（　　　）。

A. 42 箱　　　B. 57 箱　　　C. 60 箱　　　D. 80 箱

3. 某仓库每年（按 360 天计）出库商品业务量为 36000 箱，提前期为 15 天，则订货点为（　　　）。

A. 1500 箱　　　B. 1550 箱　　　C. 1600 箱　　　D. 1650 箱

4. 某仓库每年（按 360 天计）出库商品业务量为 36000 箱，最大送货提前期为 15 天，考虑安全库存为 500 箱的情况下，订货点为（　　）。

A. 1000 箱　　　　　B. 1500 箱　　　　　C. 2000 箱　　　　　D. 3000 箱

5. 某企业每年耗用某种材料 3600 箱，该材料单位成本 10 元，单位存储成本为 2 元/年，一次订货成本 25 元，则最佳订货次数为（　　）。

A. 12 次　　　　　B. 1.2 次　　　　　C. 24 次　　　　　D. 2.4 次

6. 独立需求物料的定购批量和定购点的确定采用的是（　　）

A. 独立需求和相关需求　　　　　　　B. 定量订货法和定期订货法

C. MRP 和 MRP Ⅱ　　　　　　　　　D. 物料需求计划和分销需求计划

二、多项选择题

1. 影响库存的因素有（　　）。

A. 客户服务水平　　B. 订货批量　　　C. 库存成本　　　D. 企业生产能力大小

2. 定量订货法的优点有（　　）。

A. 操作相对简单

B. 可以顺应需求做出变动，需求预测比较精确

C. 发挥经济订货的作用，降低库存成本，节约费用，提高经济效益

D. 根据实际情况自由调整订购量

三、判断题

1. 生产企业为准备生产和销售而有意识暂时存放的库存叫安全库存。（　　）

2. 为了应付一些不确定性情况而有意识储备的库存叫周转库存。（　　）

3. 订货点采购包括定期采购和定量采购。（　　）

四、计算题

1. 某公司每年以单价 10 元购入 8000 件物品，订购成本为每次 30 元，每件物品每年储存成本为 3 元。若订货提前期为 2 周，则经济订货批量、年总成本、年订购次数和订货点各为多少？

2. 某企业对某种物品年需求量是 14400 件，该物资的单价为 0.40 元，存储费率为 25%，每次的订货成本为 20 元，一年工作 52 周，订货提前期为一周。试求：

（1）经济订货批量为多少？（2）一年应订几次货？（3）全年的库存总成本为多少？（4）订货点的库存储备量为多少？

3. 某制造公司每年以单价 10 元购入 8000 件物品，每次订货的订货成本为 30 元，每件物品每年的储存成本为 3 元（J＝PH＝3），若前置时间为 10 日，一年有 250 个工作日，问经济订货间隔期、最高库存量各为多少？目前库存量为 120，问订货应订多少？

五、案例分析题

Z 小姐是一家电器销售分公司的物流主管，该公司 2017—2023 年 V 型号 DVD 的销售

量如下表所示：

年份	2017	2018	2019	2020	2021	2022	2023
销售量（台）	2000	2250	2500	2900	3400	3750	4200

V 型号 DVD 的成本价为每台 500 元，而处理每笔订货大约要花费 15 元。此外，Z 小姐从财务部门了解到，公司年度存货储囤成本约为 10%。

问题：（1）若设定 $\alpha=0.2$，预测公式为 $F_{t+1}=\alpha A_t+(1-\alpha)F_t$，若用 2017—2023 年的实际销量的平均值作为 2024 年的预测销量，请用上述公式预测 2024 年的销量为多少？

（2）根据 2024 年的销量预测，计算分公司 V 型号 DVD 订货的经济批量（EOQ）。计算公式给定如下：$EOQ=\sqrt{\dfrac{2CR}{H}}$

（3）按照总公司物流成本核算的规定，运输费必须打到各分公司的物流成本中去，所以 Z 小姐必须合理安排 V 型号 DVD 的进库运输。如果工厂的配送中心发一辆车到 Z 小姐所在销售分公司的运费为 1500 元，每辆车满载可以装载 100 台 V 型号 DVD，当必须考虑运输成本时，订货批量为多少。

（4）给定上述信息和第（3）部分确定的低成本订货批量，Z 小姐请公司的统计分析人员确定了 V 型号 DVD 的订货联合标准离差为 20 台。在总公司要求缺货率低于 1% 的情况下，Z 小姐的分公司 V 型号 DVD 的安全库存应以多少为佳？

计算公式给定如下：$SS=K\times\sigma$

$$f(k)=(1-S)\times(Q/\sigma)$$

注：S——缺货率；σ——标准离差。

$f(k)$ 与 K 值的对应关系如下表：

K	$f(k)$	K	$f(k)$	K	$f(k)$
0.1	0.3509	0.9	0.1004	1.7	0.0142
0.2	0.3068	1.0	0.0833	1.8	0.0110
0.3	0.2667	1.1	0.0686	1.9	0.0084
0.4	0.2304	1.2	0.0561	2.0	0.0074
0.5	0.1977	1.3	0.0455	2.1	0.0064
0.6	0.1686	1.4	0.0366	2.2	0.0048
0.7	0.1428	1.5	0.0293	2.3	0.0036
0.8	0.1202	1.6	0.0232	2.4	0.0027

续　表

K	f (k)	K	f (k)	K	f (k)
2.5	0.0020	2.7	0.0010	2.9	0.0005
2.6	0.0014	2.8	0.0007	3.0	0.0003

05 PROJ | 项目五
采购价格与成本
管理

◎知识目标
- 明确采购价格的影响因素，明确采购成本的构成。
- 了解供应商定价方法和产品成本分析方法。

※能力目标
- 熟悉供应商定价方法。
- 掌握产品价格分析、采购成本分析的方法。
- 掌握成本控制的方法。

※思政目标
- 培养学生的调研分析能力。
- 训练学生对于采购议价的交涉能力。
- 培养学生的社会主义核心价值观，增强学生社会责任感。

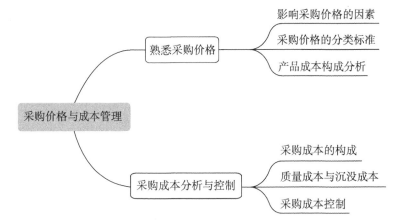

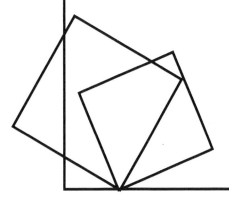

 **岗位分析**

岗位：采购成本分析专员

岗位职责：负责控制及优化采购成本，从而为企业节约资金；负责处理采购中的有关问题，与供应商进行谈判，并在采购过程中跟踪所有费用支出。

典型工作任务：对企业的采购成本进行分析，包括成本的分类、成本的来源等；寻找更佳的供应商；管理采购费用等。

职业素质：具备标准化作业意识、成本意识、团队意识、安全管理意识、客户服务意识、创新意识、责任意识等。

职业能力：掌握采购成本的情况，能够制订采购计划、进行预算和审批等相关工作，以达到优化采购成本的目的。

可持续发展能力：能掌握采购成本分析的流程和方法，能够和其他部门进行合作与协调。

 项目导读

党的二十大强调高质量发展，这促使企业在采购过程中，不仅要关注采购价格的高低，还要注重采购物品的质量、性能和长期价值。鼓励企业与优质供应商建立长期稳定的合作关系，以实现价值共创。这种合作关系有利于企业在采购过程中获得更优质的服务，如供应商提供的技术支持、售后服务等增值服务，从而提高采购的综合价值。

党的二十大强调创新在我国现代化建设全局中的核心地位，企业在采购管理中可以利用技术创新来降低成本。例如，通过采用数字化采购平台，企业可以扩大供应商选择范围，实现采购信息的透明化，从而更容易找到价格更合理的供应商。同时，数字化平台可以优化采购流程，减少人工成本和沟通成本。

党的二十大强调要降低物流成本。在物流成本中，采购成本通常占据重要地位，具体比例因物流公司的运营模式和采购策略不同而有所差异。对采购成本进行控制对一个企业的经济发展有着非常重要的作用，而采购最重要一部分就是降低采购成本。要想在采购的整个过程中寻求利益最大化，提升企业的市场竞争力，就要做到采购成本的最低。想要做到以最小的成本获得最大的效益，就要以新的采购观念，不断寻求新的方法降低采购成本。降低企业的总成本不是一时的，这需要在一段较长的时期内不断进行改善，加强对采购的内部成本进行控制。另外，由于软装行业正以非常高的速度在发展着，对软装材料采购成本的内部控制成为降低企业总成本的重要一环。软装行业在对软装材料的采购成本的控制上还存在很大的改善空间，想要降低软装材料采购的成本就必须以价值管理的战略理论思想来开展内部成本控制的理论基础建设，健全采购成本控制的相关制度，不断提高工作效率，做好内部控制在采购成本控制方面的工作，为企业的进一步发展奠定良好的基础。

任务一　熟悉采购价格

**任务描述**

宜家在采购价格上的优势

宜家集团（以下简称"宜家"）一直以优质低价的形象出现，这得益于宜家经济的采购策略。

宜家在为产品选择供货商时，从整体上考虑总体成本最低，即以产品运抵各中央仓库的成本作为基准，再根据每个销售区域的潜在销售量来选择供货商，同时参考品质、生产能力等其他因素。由于宜家绝大部分的销售额来自欧洲和美国，所以一般只参考产品运抵欧洲和美国中央仓库的成本。

宜家在全球拥有约 2000 家供货商（其中包括宜家自有的工厂），供应商将各种材料从世界各地运抵宜家全球的中央仓库，然后宜家再从中央仓库将材料运往各个商场开展销售。这种全球大批量集体采购的方法可以取得较低的价格，挤压竞争者的生存空间。

基于此种策略，竞争者无法以相同的低价获得原材料，产品的定价要低于宜家的价格，只有降低质量要求或者降低生产费用，然而降低生产费用的空间不会太大。因为宜家供货厂家由于订单的数量大，其生产费用、管理费用已经非常低了，且宜家在价格上所加的销售费用、管理费用也不会太高。如果没有足够的利润空间，竞争者也就没有了原动力，质量欠佳的产品也无法长期同宜家竞争。

要求：请以项目组为单位，认真阅读案例，完成"任务实施"中的问题。

**知识链接**

✤ 知识点 1：影响采购价格的因素

1. 物资的供货渠道

供货渠道不同，价格也会有所差异。物资采购渠道主要有直接采购渠道和间接采购渠道两种，在条件许可的情况下，尽量采用直接采购渠道，这样既能保证质量，又可以减少中间商的加价。

2. 付款条件

供应商一般会规定现金折扣和期限折扣，刺激采购方提前用现金付款；对采购方而言，要考虑付款因素，不同的付款条件，享受的价格也不同。

3. 交货条件

交货条件主要包括运输方式、交货时间地点、包装要求等。如果货物由需方承运，价格就会适当降低；交货时间紧张时，供应商通常会提高价格。

4. 供应商成本的高低

供应商成本的高低是影响采购价格最根本、最直接的因素，供应商成本是采购价格的底线，当供应商形成一定的生产规模，具备较强的成本竞争优势，采购方就有了谈价的余地，可以获得较优惠的采购价格。

5. 市场货源的供求状况

供求关系决定着价格的变动，当企业所采购的物料供大于求时，采购方处于主动地位，可以获得较优惠的价格；反之，供方处于主动地位，将会趁机抬高价格。

6. 物资采购的数量

采购数量的多少直接影响着采购价格，数量多就会享受数量折扣价，获得相对较低的采购价格。企业在保证生产的前提下，可采取集中采购或组合采购等策略，用批量优势取得价格优惠。

7. 物资的品质

物资的品质与采购价格成正比例关系，优质优价，反之，低质低价。企业所采购的物资要以能够满足设计生产要求为前提，做到质量适度，价格合理。

✣ 知识点 2：采购价格的分类标准

1. 从采购价格分析角度分类（见表 5-1）

表 5-1　　　　　　　　　　　　从采购价格分析角度分类

价格种类	说明
目标价格	是指投资分析员或顾问预测的价格水平
供应商定价	供应商通过对供应市场的信息获取和采购报价的分析等制定价格，包括成本导向定价法、竞争导向定价法和客户导向定价法
市场定价	市场定价是由市场因素主导价格的制定，包括撇脂定价法、渗透定价法、价格折扣和折让法、密封投标定价法、认知价值定价法等定价方法
价格自行分析	企业根据构成价格的各种因素进行科学分析，以合理的材料成本、人工成本及作业方法为基础，自行分析计算的采购价格
竞标价格	是指卖家将所售物品卖给最高出价者的价格
历史价格	是指过去所记录下来的价格

2. 按供应商报价的付款方式的不同分类

（1）以运费支付方式为依据（见表5-2）

表5-2   以运费支付方式为依据

价格种类		说明
以运费 支付方式 为依据	到厂价	供应商的报价，供应商负责将物品送达采购方的工厂或指定地点，其间所发生的各项费用都由供应商承担
	出厂价	供应商的报价不包括运送责任，即由采购方租用运输工具，前往卖方的制造厂提货。此种情形通常出现在采购方承担运输责任或供应商加计的运费偏高时，供应商不再提供免费的运送服务

（2）以付款方式为依据（见表5-3）

表5-3   以付款方式为依据

价格种类		说明
以付款 方式为依据	现金价	以现金形式支付货款
	期票价	采购方以延期付款的方式采购物品，通常供应商会加计延迟付款期间的利息于售价中

（3）以议定方式为依据（见表5-4）

表5-4   以议定方式为依据

价格种类		说明
以议定 方式为依据	现货价	指每次交易时，由供需双方重新议定价格，若有签订买卖合约，则完成交易后即告终止。这种价格使买卖双方按交易当时行情进行，不必承担预立契约或价格可能发生巨幅波动的风险
	合约价	指买卖双方按照事先议定的价格进行交易，此一合约价格涵盖的期间依契约而定，短者几个月，长者一两年。由于价格议定在先，经常造成与实价或现货价的差异，使买卖时发生利害冲突

✤ 知识点3：产品成本构成分析

1. 公平价格

采购部门认为供应商应该对其提出一个公平的价格，或在讨价还价中达成这一公平的价格。在这里，公平的价格是指对于那些不定时间、不定地点发生的需求，供应商能够保证对具备相当质量的货物持续进行供应的最低价格。

对于旨在获得合理利润的供应商来说，长期的持续供应是他们所期望的，也是他们愿意实现的目标。供应商的总成本包括一定量的合理利润，应该能在长期的交易过程中得到补偿，即使这个过程中的某一项交易在某个特定的期间内不能完全满足这种要求，这项交易的价格至少也应该超过供应商的直接成本，否则交易将难以进行。

对于某一项交易来说，提供给一个供应商的公平价格可能高于提供给另一个供应商的公平价格，甚至高于提供给同一供应商的另一项同等重要交易的公平价格。对于采购者来说，这些价格都可以是"公平价格"，并且采购者可以同时支付这些不同的"公平价格"。

即使是由垄断者或通过供应商之间的协商所制定的价格也可能是不公平的。同样，现行价格也可能是不公平的。例如，通过垄断行为的压抬所形成的价格是现行价格，但它并不是公平的价格。

在变化的环境中，采购部门需要不断地确定公平价格，这就要求他们具有经验和常识。在制定公平合理的价格过程中，涉及很多变化着的因素。

从某种意义上讲，对这些因素的准确衡量需要利用过去的经验和对签订条款的过程及类似于储存、运输等物流成本和其他相关成本的透彻理解。

2. 成本与价格的关系分析

在上述公平价格概念的基础上，我们进一步分析成本与价格的关系。

（1）成本的构成分析

制造行业中主要存在着两种成本——直接成本和间接成本。

直接成本通常指那些能够具体而准确地归入某一个特定生产部件的成本，即直接消耗的材料或者直接耗费的人工。然而，在已经被普遍接受的会计实务中，已消耗掉的特定材料的实际价格很有可能并不影响实际材料成本的计算。因材料的实际价格可能会在一个时期内上下波动，所以在计算实际材料成本时通常使用所谓的标准成本。某些公司会把上一会计期间所支付的各种材料的价格作为标准成本，某些公司则会把一定期间内的平均价格作为标准成本。

间接成本是指那些在企业的日常运作过程中发生的、不能直接归入任何一种生产部件的成本，如租金、财产税、折旧费用、一般管理人员的办公费用、信息的处理费用、供热费和照明费等。间接成本通常用来指间接费用，它们既可以是固定的，也可以是变动的。

在会计层面上，把成本分为可变成本、半可变成本和固定成本是一种常用的做法。对于价格和成本关系的分析来说，这种分类方法是必要的。大多数直接成本是可变成本，因为它们随着生产部件数量的变化而成比例地变化。

半可变成本虽然也随所生产的产品数量的变化而变化，但是它们是部分变动、部分固定不变。例如，当一个工厂以其90%的生产能力进行生产时，要比只用50%的生产能力生产时消耗更多的热力、照明和动力，但这些成本的差异并不是与所生产产品的数量成比例变化的。实际上，即使一段时期内工厂完全没有进行生产，一定量的用于供热、照明和动力的成本（固定的）也是不可避免的。

固定成本通常不随产量的变化而改变。在分配固定成本时有几种会计方法，其中常用的一种方法是摊销。对于固定耗费的合理分配依赖于这个摊销的合理确定和对未来产量的准确预测。

显然，当以全部的生产能力进行生产时，这个百分比是应该降低的。

因为历史上人工成本代表成本中最大的一部分，所以工厂间接费用经常是按照直接人工成本的一个确定的百分比来计算的。尽管现在成本的构成已经发生了很大的变化，标准成本会计方法却没有什么变化。销售、管理及一般费用都是依据总的制造成本的一个固定的比例来确定的。

（2）成本与价格关系分析

在知道了一定时期内的平均成本、直接人工成本和用来确定间接费用的一定期间的预定产量，我们可以确定一件产品的成本及其价格。综上所述，产品价格可以用以下公式表示：

$$价格 = 成本 + 预期利润 = 固定成本 + 可变成本 + 预期利润$$

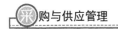 **任务实施**

阅读"任务描述"，回答以下问题。

1. 宜家是如何做到"货优价低"的？

_____

_____

_____

2. 宜家如何应对原材料价格波动？

_____

_____

_____

3. 各组派 1 名代表上台进行分享。

任务评价

在完成上述任务后，教师组织三方评价，并对学生任务执行情况进行点评。学生完成考核评价表（见表5-5）的填写。

表 5-5   考核评价表

班级		团队名称			学生姓名	
团队成员						
	考评项目	分值	要求	学生自评（30%）	团队互评（30%）	教师评定（40%）
知识能力	对采购价格的分类描述	20分	描述正确			
	对产品成本构成分析	20分	分析正确			
	对供应商定价方法分析	30分	分析合理			
职业素养	文明礼仪	10分	形象端庄 文明用语			
	团队协作	10分	相互协作 互帮互助			
	工作态度	10分	严谨认真			
	成绩评定	100分				
心得体会						

任务二 采购成本分析与控制

任务描述

惠普的供应商协同解决方案——电子化采购

惠普和康柏合并后每年的营业额接近800亿美元，每个季度有多于10亿美元的现金流，研发费用40亿美元。惠普现在可以说是真正的国际化公司，其60%的营业额是来自美国之外，它的文化是多样性的，员工来自各个不同的国家和团队。

如此大的一个公司有很大的采购量，它需要在全球不同的地方去综合各种采购能力、采购优势和各种技术优势来形成惠普自己的优势。比如说其半导体的采购量处于世界第1名，内存方面的采购量也非常大，微处理器采购量处于世界第1名，磁盘采购量处于世界第1名。这样一个大型的跨国公司，有如此大采购量的公司，是怎样来解决它的采购问题和制订采购战略的呢？

早期惠普存在跟其他企业同样的问题，有很多产品部门、很多业务部门，它们的采购、它们的物流，甚至它们的供应链都是各自为政，不同的业务部门有不同的供应链；不同的部门有不同的采购计划、采购策略。所以，怎样来整合就成了一个问题，这是制造业尤其是高科技制造业中很多企业面临的共性问题。

具体表现为以下几个方面。从惠普来说有很多层次：总部、亚太、中国；然后有很多区域，而且生产有很多方面是通过外包、通过合同、通过制造商、通过OEM来实现的。供应商从全球来看也是非常大的集群，怎么整合这么大的集群？这些使惠普的领导层认识到，维护世界级的成本结构，才是惠普在将来取得成功的一个关键因素。所以，基于这样的情况，惠普高层领导就决定要创新采购流程、创新采购策略、创新采购系统，这就是当时提出来的电子化采购的目的。

电子化采购的目的是要形成一流的采购流程和进行采购工具的创新，进而形成供应链的竞争优势和成本优势。远景是两方面，一方面，惠普作为跨国公司在采购供应链方面要有全球的可见性，即可以从总部的物流部门看到每个地区采购链上、供应链上的情况，可以做一些合并，来实现规模经济，降低成本的效益。另一方面，不能丧失惠普每个业务系统所具有的灵活性和要发展各个业务部门的声誉，维护各个部门的权利。所以目标很简单，第一是降低库存成本、降低采购成本，第二是提高效率。

在惠普这样的大公司，要推动这么一个计划其实不容易。惠普采取的方法是先制定出统一的远景，然后制定出原则，还要制定出各个部门和战略投资的关系，最后还要清晰每个阶段要做什么，同时要兼顾每个职能部门的业务和利益。

企业投资最容易见效的地方在哪里？在物料采购成本、库存成本方面最明显，这部分成本的降低能够直接反映到企业的利润率上，所以这个计划从一开始就要求每年都是正的投资回报。换句话说，当年投资就要当年见效。

在这些战略的指导下，惠普开始设计电子采购系统，这个系统由下面四个主要的方面来组成：第一个是订单和预测协同，惠普的电子化采购强调预测和协同，利用互联网的功能，来做网上的订单处理和预测的处理。第二个是库存协同，尽量减小原厂商的库存，理论上可以越来越小，但要知道供应商有多少库存才能在需要的时候能够满足你，无论在质量上、数量上还是价钱上，这就需要平时有一个系统来做交互。第三个是拍卖，就是用电子采购、电子拍卖，这是惠普自有的电子化交易市场。第四个是物料资源的寻找、获取、选择、决策的系统，这里面主要是一些基于供应链的智能的分析，这个供应链是多层的，惠普供应链下面不仅要看到第一层的供应商，还要看到第二层、第三层的，原则上是要看到整个的供应链，然后找到最优化的资源配置，可以把它归纳成购买力怎样形成企业自己的竞争力。

要求：请以项目组为单位，认真阅读案例，完成"任务实施"中的问题。

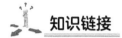

知识链接

✤ 知识点 1：采购成本的构成

采购成本是指与采购原材料部件相关的物流费用，包括采购订单费用、采购计划制订人员的管理费用、采购人员管理费用等。存货的采购成本包括购买价款、相关税费、运输费、装卸费、保险费，以及其他可归属于存货采购成本的费用。对于一般纳税人而言，采购成本不包含进项税额；但对于小规模纳税人而言，进项税额包含在其采购成本之中。接下来重点介绍整体采购成本的条件和内容。

（1）整体采购成本的条件

在采购过程中，原材料或零部件的采购价格固然是很重要的财务指标，但作为采购人员，不仅要看到采购价格本身，还要将采购价格与交货、运输、包装、服务、付款等相关因素结合起来考虑，衡量采购的实际成本。

对于用于非生产的原材料（如设备、服务）等的采购，除以上因素外，影响采购成本的还有维修与保修、设备与附件、安装、调试、图样、文件与说明书、许可证、培训、专用及备用工具等。

（2）整体采购成本的内容

整体采购成本又称为战略采购成本，是除采购成本之外考虑到原材料或零部件在本企业产品的全部寿命周期过程中所发生的成本，包括采购市场调研、自制或采购决策、产品预开发和开发中供应商的参与、供应商交货、库存、生产、出货测试、售后服务等整体供应链中各环节所产生的费用对成本的影响。概括起来是指在本公司产品的市场研究、开发、生产与售后服务各阶段，因供应商的参与或提供的产品（或服务）产生的成本，包括供应商的参与或提供的产品（或服务）没有达到的最好水平而造成的二次成本或损失。作为采购人员，其最终目的是降低整体采购成本。

按功能来划分，整体采购成本发生在以下过程中：开发过程、采购过程、企划过程、质量管理过程、售后服务过程。

①开发过程中，因供应商介入或选择导致可能发生的成本，包括：

a. 原材料或零部件影响产品的规格导致可能发生的成本；

b. 对供应商技术水平的审核产生的费用；

c. 原材料或零部件的认可过程产生的费用；

d. 原材料或零部件的开发周期影响本公司产品的开发周期而导致的损失或费用；

e. 原材料或零部件及其工装（如模具）等不合格影响本公司产品开发而带来的损失或费用。

②采购过程中可能发生的成本，包括：

a. 原材料或零部件采购费用或单价；

b. 市场调研与供应商考察、审核费用；

c. 下单、跟单等行政费用；

d. 文件处理费用；

e. 付款条件所导致的汇率、利息等费用；

f. 原材料运输、保险等费用。

③企划（包括生产）过程中可能因采购而发生的成本，包括：

a. 收货、发货（至生产使用地点）费用；

b. 安全库存仓储费、库存利息；

c. 不合格来料滞仓、退货、包装、运输带来的费用；

d. 交货不及时对仓库管理等工作的影响造成的损失；

e. 生产过程中的原材料或零部件库存费用；

f. 企业与生产过程中涉及原材料或零部件的行政费用等。

④质量管理过程中可能发生的采购成本，包括：

a. 供应商质量体系审核及质量水平确认产生的费用；

b. 检验成本；

c. 因原材料或零部件不合格而对本公司的生产、交货方面造成的损失；

d. 不合格品本身的返工或退货成本；

e. 生产过程中不合格品导致的本公司产品不合格而造成的损失；

f. 处理不合格来料的行政费用等。

⑤售后服务过程中因原材料或零部件而发生的成本，包括：

a. 零部件失效产生的维修成本；

b. 零部件服务维修点服务不及时造成的损失；

c. 因零部件问题严重而影响本公司的产品销售造成的损失；

d. 由零部件问题导致本公司的产品理赔等产生的费用。

在实际采购过程中，整体采购成本分析通常要依据采购物品的分类模块，按 80/20 规则选择主要的零部件进行，而不必运用到全部的物料采购中。

✤ 知识点 2：质量成本与沉没成本

1. 质量成本

质量成本是采购人员审核供应商成本结构、降低采购成本所应看到的另一个方面。目前，质量成本尚无统一的定义，其基本含义是指工业企业针对某项产品或者某类产品质量、服务质量或质量不符合要求而导致的成本增加。其实质意义是不合格成本，主要包括退货成本、返工成本、停机成本、维修服务成本、延误成本、仓储报废成本等。

（1）退货成本。退货成本是指在整体供应链（包括采购、生产、仓储、运输各销售过程）中任何环节出现的不合格退货所产生的成本。

（2）返工成本。返工成本是指在采购、生产、仓储、运输和销售过程中由于产品或零部件不符合要求而需要进行返工维修或检验所带来的成本增加，包括人工、材料、运输等费用。

（3）停机成本。停机成本是指因任何原因而导致的设备停机、生产停止所造成的损失，包括设备因维护不善出现故障造成的损失。

（4）维修服务成本。维修服务成本是指在产品卖出以后，由产品质量、服务质量等问题导致的在维修期内所发生的所有费用，如处理顾客投诉、维修产品、更换零部件等成本。

（5）延误成本。延误成本是指产品开发及交货延误导致的成本增加或损失。其中包括产品开发过程中，因设计错误或设计延误导致人工损失、设备设施报废、产品进入市场时间推迟而造成的直接经济损失，以及在生产及交货过程中，因交货延误导致的埋赔或失去市场等损失。

（6）仓储报废成本。仓储报废成本是指由产品换代、仓储时间过长、仓储条件不好等导致的原材料、零部件或成品报废而产生的成本。

2. 沉没成本

沉没成本是指因过去采购决策失误而造成的一种成本。例如，过去发生的各种费用或投资失误而不能收回的资金，完成采购但因项目变化而无法使用只能通过转卖回收的采购支出与转卖收入的差额等。

✤ **知识点 3：采购成本控制**

1. 影响采购成本的因素

影响采购成本的因素很多，概括起来可以归纳为企业内部因素、外部因素和意外因素等三个方面。

（1）企业内部因素

①跨部门协作和沟通。采购业务涉及计划、设计、质保和销售等部门。由于需求预测不准，生产计划变化频繁，紧急采购多，采购成本高；由于设计部门未进行价值工程分析或推进标准化，过多考虑设计完美，导致物料差异大，形成不了采购批量，采购成本高；由于质量部门对质量标准过于苛刻，导致采购成本增加等。

②采购批量和采购批次。根据市场供需原理，物料的采购单价与采购数量成反比，即采购的数量越大，采购的价格就越低。企业间联合采购，可合并同类物料的采购数量，通过统一采购使采购价格大幅度降低，使各企业的采购费用相应降低。

③交货期、供货地点与付款期。供应商的交货期、供货地点、付款期等因素直接影响到企业库存的大小及采购成本的高低。

④价格成本分析和谈判能力。采购价格分析、供应商成本构成分析，是确定采购价格和取得同供应商谈判主动的基础，是企业成本和费用的主要组成部分，是采购成本高低的决定因素。

（2）外部因素

①市场供需状况。影响采购成本最直接的因素就是市场供需情况。在资源紧缺，供不应求时，供应商就会涨价；反之，则会降价。

②供货商生产技术、质量水平。一般来说，供应商的生产技术先进、产品品质优秀，产品销售价格就高。因此，采购人员应根据需求部门对质量、技术功能及交货期的要求，合理选择供应商，实现良好的性价比追求。

③企业与供货商的合作关系。供应链管理下，谋求和供应商建立长期双赢的合作伙伴关系，通过双方共同努力，降低供应链运营成本，来实现降低采购成本的目的。

④供货商的销售策略。供应商的报价与供应商的销售策略直接相关，如供应商为开拓市场获得订单，一般开始进入市场时价格比较低，通常在占领市场后会提高价格。

⑤供应商成本。一般在新产品开发和投入阶段，采购数量少，供应商成本高；进入成长期后，随着采购量的增加，技术成熟，供应商成本降低，供应商就会降低价格。

⑥物品的运送方式。比较经济的物品运输方式是以最短的里程，用最低的费用和最短的时间及时、准确、安全、经济地完成物品在空间内的转移。物品的运送方式是影响采购成本的重要因素。

（3）意外因素

自然灾害、战争等意外因素会导致采购价格大幅上涨。

2. 采购成本控制方法

采购成本控制常见的方法有以下几种。

（1）设计优化法

设计优化法是在产品设计开发时就注意到材料、器件的选用，以合适的而不是最好的物料用于新产品，使产品在保持性能满足市场要求的情况下达到最低的成本。

俗话说，"好的开始是成功的一半"。产品的设计开发就处在开始阶段，一旦新产品定型，其所使用物料也就基本确定。虽然日后企业可能会对部件进行部分更改，但一般来说改动幅度不会很大，也就是说新产品的成本也基本确定。

当然，企业以后通过对零部件进行降价可以降低成本，但这种通过零部件降价带来的收益是十分有限的。通常，同类部件因其性能不同，价格差别很大，有时甚至会有成倍的差距。

如果设计人员在选材时，忽视产品定位，一味追求高质量和高性能，选用最好的部件生产，虽然以后可通过降价实现部分收益，但远没有在开始时就选用适合产品定位的器件效果要好。

因此，设计开发人员一定要有成本意识，在产品的设计开发阶段就要对所用物料、部件进行权衡选择，使零部件和产品的市场定位相匹配，制定合理成本，防止出现"质量过剩"或"质量不足"的现象，使产品具有最佳的性价比。

（2）成本核算法

成本核算法是指通过一些科学的方法对部件的成本进行核算和评估，确保部件价格的合理性。

成本核算看起来很容易，但具体应该怎么做呢？这里说的成本核算，并不是说算出来的价格就100%准确，而是要通过核算，给出一个价格的范围，防止出现价格过高的情况。价格的核算公式比较简单，一般为：部件价格＝材料成本＋加工费用＋合理利润。

材料成本比较容易确定，原材料价格来自市场价格或领料价格。材料的成本可用物料清单上单位产品材料的价格与计划产量的乘积计算，或采用称、量的办法计算，即材料成本＝单价×耗用量（净耗用＋损耗）。

加工费用核算起来比较麻烦，行业的通行做法是一方面由供应商提供，一方面亲自到现场考察测量，同时结合一些媒体介绍，综合总结出一套计算方法，力求简单实用。

（3）类比降价法

类比降价法是指通过与结构、材料相似的物料进行类比，找出差异或改进点，从而进行降价的方法。

类比降价法的一个关键之处就是类比件的选择。类比件一定要有代表性，与原件可以类比，其价格应经过验证，确实具有竞争力，否则类比出来的结果可能适得其反。很多厂商都碰到过这种情况，自己的产品与对手类似，为什么对手的价格会比较低呢？当然原因有很多，但有一点可以肯定，通过类比一定会找到一些原因。例如，因为对手在用料和结构方面领先自己。这时，企业就应该积极地去寻找、发现这些差异，然后去尝试，做出改变。通过这些尝试，企业有可能实现部件成本的降低，同时使自己的产品更具有竞争力。

（4）招标竞价法

招标竞价法是指通过组织供应商进行招标，利用这种方式实现零部件降价。招标竞价法目前已经得到广泛的应用，而且除了传统的现场招标，网上招标的方式也被更多企业采用。

参加生产物资招标的供应商一般为该企业现在的供应商，要想取得良好的效果，在招标前就要做详细的准备。首先，对招标的物料要心中有数。要了解招标物料的采购数量、采购金额、原材料的价格趋势、目前的价格水平等情况。对原材料价格正在上涨，且价格水平已不是很高的物料，可能招标的效果并不大，甚至有相反效果，可采取其他方法。其次，要对供应商有充分了解。招标活动对供应商的数量有一定要求，至少保证三家以上。另外，由于给企业供货有一定的稳定性，且随着降价行为的不断进行，利润越来越低，部分供应商就会相互"合作"，影响降价效果，这时就要适时引进 1~2 个新供应商，打破这种合作关系，以取得最好的招标效果。最后，对招标后配额的分配要仔细斟酌。招标后的供货比例对供应商的吸引力和影响力很大，一个好的方案会改变供应商的投标态度。

（5）规模效应法

规模效应法是指企业将原先分散在各单位的通用物料的采购集中起来，从而形成规模优势，在购买中通过折扣、让利等方式实现降低成本的方法。

大家一般都有这样的经验，在买东西的时候，随着采购量的加大，采购价格会不断降低。规模效应法也是应用这种方法，通过大批量的采购，争取到最优惠的价格。这种方法在原材料的购买方面效果显著。

（6）国产化降价法

国产化降价法是指通过将进口部件换成由国内厂家生产、提供，从而实现降价的方法。把国产化作为降低成本的方法是由我国目前的实际情况决定的。很多生产企业都有部分零部件需要从国外进口，这些往往是关键部件，成本很高。国内目前生产资料的价格较低，且很丰富，这些部件若能在国内生产，仅运费、关税等费用就可以节省很多，而且实际上国产化的部件带来的成本降低往往出乎人们的意料。因此，国产化对那些进口物料很多的厂家来说，无疑是降低成本的重要手段。但要实现国产化，并不是件简单的事情。首先，这些进口部件一般技术含量比较高，这就对要进行国产化的厂家的实力提出很高的要求。其次，尽管国内有这样的厂家，但生产厂家如何能找到并联系到他们呢？这就得靠生产厂家采购寻源的能力了。

以上介绍的几种采购成本控制方法，被广泛应用于生产制造型企业，这些传统方法在今天仍然有其独特的作用。采购最基本的职责就是在保证所购产品的质量和供应商的售后服务跟得上公司需要的前提下，能购得物美价廉的产品。采购人员能力的最佳体现就是能把握好采购的度，能做好行情降价和涨价的物料供应。优秀的采购人员能在不稳定的环境中为公司降低直接原材料成本，使自己企业的产品获得更多占领市场份额的机会。

任务实施

阅读"任务描述"，回答以下问题。

1. 什么是采购的杠杆效应？采购的杠杆效应是如何产生的？

_____

_____

_____

2. 试根据惠普公司的实际情况，分析其电子采购系统实施后，可能从哪些方面为企业带来成本的节约？

_____

_____

_____

3. 结合惠普公司的实际，分析大型跨国企业在实施集中采购后，如何保证各业务部门、各分公司和各产品供应链的灵活性？

_____

_____

_____

4. 各组派 1 名代表上台进行分享。

任务评价

在完成上述任务后，教师组织三方评价，并对学生任务执行情况进行点评。学生完成考核评价表（见表 5-6）的填写。

表 5-6   考核评价表

班级		团队名称			学生姓名	
团队成员						
考评项目		分值	要求	学生自评（30%）	团队互评（30%）	教师评定（40%）
知识能力	对采购的杠杆效应分析	20分	分析正确			
	对采购成本的节约要点分析	20分	分析正确			
	对采购对于供应链的影响要点分析	30分	分析合理			
职业素养	文明礼仪	10分	形象端庄文明用语			
	团队协作	10分	相互协作互帮互助			
	工作态度	10分	严谨认真			
成绩评定		100分				
心得体会						

参考答案

一、单项选择题

1. 采购价格管理的实质是追求（　　　）。

A. 降低价格　　　　B. 最低价格　　　　C. 合适价格　　　　D. 最高价格

2. 询价采购要求报价的供应商数量至少有（　　　）。

A. 2 个　　　　　　B. 3 个　　　　　　C. 4 个　　　　　　D. 5 个

3. 质量与成本之间的关系通常体现（　　　）。

A. 规格　　　　　　B. 价值　　　　　　C. 性能　　　　　　D. 性价比

4. 以下不属于采购成本控制常见的方法的是（　　　）。

A. 设计优化法　　　B. 招标竞价法　　　C. 进口降价法　　　D. 成本核算法

5. 对于一般纳税人而言，采购成本不包括（　　）。

A. 进项税额　　　　　B. 购买价款　　　　C. 运输费　　　　　D. 装卸费

二、多项选择题

1. 下列选项属于影响采购价格因素的是（　　）。

A. 付款条件　　　　　　　　　　　B. 交货条件

C. 物资的供货渠道　　　　　　　　D. 物资的品质

2. 在知道了一定时期内一件产品的平均成本、直接人工成本和用来确定间接费用的一定期间的预定产量，我们可以确定该件产品的成本及其价格。综上所述，产品价格包括（　　）。

A. 固定成本　　　　B. 可变成本　　　　C. 边际成本　　　　D. 预期利润

3. 每一个生产者或供应商，在具体定价时都要明确其目标。供应商制定新产品价格的目标主要有（　　）。

A. 扩大生产规模　　　　　　　　　B. 获取利润目标

C. 占领市场目标　　　　　　　　　D. 减少人工费用

三、计算题

甲仓库 A 商品年需求量为 30000 个，单位商品的购买价格为 20 元，每次订货成本为 240 元，单位商品的年保管费为 10 元。求：该商品的经济订购批量、最低年总库存成本、每年的订货次数及平均订货间隔周期。

06
PROJ

项目六
供应商管理

◎**知识目标**
- 了解供应商调查的内容。
- 了解供应商开发信息来源的内容。
- 掌握供应商认证的步骤。
- 掌握供应商调查的方法。

※**能力目标**
- 能够对供应商进行调查中的资源市场、要点进行分析。
- 能够对供应商开发信息来源进行分析。
- 能够对供应商开发流程进行分析。
- 能够对供应商进行选择和优化。
- 能够对供应商方案进行评估。

※**思政目标**
- 培养学生不负韶华、不负时代的爱国情怀，激发学生的奋斗精神。
- 培养学生铸大国重器、成栋梁之材的意识，增强对民族发展进步的自豪感。
- 培养学生的社会主义核心价值观，增强学生社会责任感。
- 培养学生的劳模精神和工匠精神，增强学生劳动意识。

供应商调查
- 资源市场分析
- 供应商初步调查
- 供应商深入调查

供应商管理

供应商选择
- 供应商选择的影响因素
- 供应商选择的步骤
- 供应商选择时注意的问题
- 供应商选择方法

供应商评估
- 供应商评估概论
- 供应商评估标准
- 供应商评估指标

 **岗位分析**

岗位1：供应商质量工程师

岗位职责： 负责供应商的质量管理工作，确保供应商提供的产品和服务符合公司的质量标准和要求，制订并执行供应商质量审核计划，包括供应商的选择、评估、监督和改进，监控供应商的质量表现，协助供应商解决质量问题，推动供应商进行质量改进。

典型工作任务： 制订并执行供应商质量审核计划，包括月度、年度审核计划的制订和实施；对供应商进行现场审核，检查其质量管理体系、生产过程、产品质量等；对供应商的质量数据进行收集、整理和分析，评估其质量表现；协助供应商解决质量问题，包括质量投诉、退货等问题的处理；参与供应商的质量改进项目，提供技术支持和指导。

职业素质： 具备良好的职业道德和诚信意识，能够公正、客观地评估供应商的质量表现；具备严谨的工作态度和高度的责任心，对质量工作充满热情；具备较强的沟通和协调能力，能够与供应商、内部团队和客户进行有效沟通；具备较强的分析和解决问题的能力，能够迅速定位问题原因并提出解决方案。

职业能力： 具备较强的质量管理和审核能力，能够熟练运用质量管理工具和方法；具备较强的供应商管理和评估能力，能够准确评估供应商的质量水平和能力；具备较强的数据分析和处理能力，能够收集、整理和分析供应商的质量数据；具备较强的团队合作和领导能力，能够带领团队完成质量管理工作。

可持续发展能力： 具备较强的自我学习和提升能力，能够不断学习和掌握新的质量管理理念和方法；具备较强的创新意识和能力，能够推动供应商质量管理的创新和发展；具备较强的战略思考和规划能力，能够从全局和长远的角度审视问题并制定策略；具备较强的跨领域整合能力，能够将不同领域的知识和技能进行整合并应用于实际工作。

岗位2：供应商开发工程师

岗位职责： 确保企业与其供应商之间建立并维护稳定、高效的合作关系。

典型工作任务： 制订和执行采购计划，确保物料或服务的及时供应，对供应商进行绩效评估和考核，根据评估结果调整供应商合作策略。

职业素质： 具备良好的职业道德和责任心；具备较强的沟通能力和协调能力，能够与供应商、内部团队和其他相关部门进行有效沟通。

职业能力： 熟悉供应链管理、采购管理等相关知识，了解行业标准和规范。

可持续发展能力： 寻求与供应商建立长期稳定的合作关系，实现供应链的可持续发展；关注新技术和新趋势，推动供应链管理的创新和升级，提高供应链的效率和竞争力。

项目导读

党的二十大报告明确提出了"全面建成社会主义现代化强国"的目标，并强调"推进高水平对外开放"。这要求企业在供应商管理中，要有全球视野，积极寻找和培育具有国际竞争力的供应商，提升供应链的全球竞争力。同时，要注重与国际先进企业的合作与交流，学习借鉴其先进的供应商管理经验和做法。

在党的二十大报告中，与供应商管理相关的内容主要体现在对供应链稳定性和可持续发展的重视上。这些内容可以为供应商管理提供指导，确保供应商能够符合企业长远发展的需求。

首先，党的二十大报告强调了供应链韧性的重要性，即供应链在面对内外部冲击时能够保持稳定运行的能力。对于供应商管理而言，这要求企业在选择和管理供应商时，要充分考虑供应商的稳定性和可靠性，确保供应链的持续和稳定运行。

其次，党的二十大报告提出了推动形成绿色低碳的生产方式和生活方式，加强生态文明建设。这要求企业在供应商管理中要注重环保和可持续发展。企业在选择供应商时，不仅要考虑供应商的产品质量和价格，还要考虑其环保表现和生产方式是否符合可持续发展的要求。

此外，党的二十大报告强调了创新驱动和协同发展的重要性。在供应商管理中，企业可以积极引入新技术和新模式，推动供应商的创新发展。同时，企业可以与供应商建立紧密的合作关系，实现资源共享和协同发展，共同应对市场挑战。

在具体操作上，企业可以根据党的二十大报告的指导思想，制定具体的供应商管理策略和措施。例如，可以建立科学的供应商评价体系，综合考虑供应商的质量、价格、交货期、服务和技术创新等因素；可以加强与供应商的战略合作，共同开发新产品、新技术，实现互利共赢；可以推进供应链数字化管理，提高供应链的透明度和协同效率等。

任务一 供应商调查

沃尔玛的供应商认证体系案例

沃尔玛是全球最大的零售商之一,其供应链系统和供应商认证体系一直以来都备受关注。沃尔玛的供应商认证体系是一个复杂而严格的程序,旨在确保所供应的产品质量符合其标准,并保证其供应链的透明度和可持续性。下面将介绍沃尔玛的供应商认证体系。

沃尔玛的供应商认证体系是由一系列标准和程序组成的。首先,潜在供应商必须提交一份详细的供应商信息,并填写一份沃尔玛的供应商道德守则。这个道德守则对供应商的企业道德、劳工条件、环境影响和商业行为等方面进行了详细的规定。

其次,沃尔玛会对供应商进行严格的审核。这个审核过程包括对供应商的企业背景、质量管理体系、产品质量控制和生产能力等方面进行调查和评估。沃尔玛会组织一个专门的供应商审核团队,对供应商进行现场访问和检查,确保他们符合沃尔玛的要求。

一旦通过审核,供应商将与沃尔玛签订合作协议,并被纳入沃尔玛的供应链系统。供应商需按照沃尔玛的标准进行生产和质量控制,并遵守沃尔玛所规定的物流和配送要求。沃尔玛会定期对供应商进行评估和考核,以确保其始终符合沃尔玛的要求。

最后,根据评估结果,沃尔玛会选择合适的供应商与之合作。沃尔玛对供应商的分类管理标准:沃尔玛将供应商分为四个等级,分别是 A 级、B 级、C 级和 D 级。其中,A 级供应商是沃尔玛的核心供应商,B 级供应商是重要的合作伙伴,C 级供应商是一般性的供应商,D 级供应商则是非核心供应商。每个等级都有不同的要求和标准,如 A 级供应商需要具备更高的质量控制和交货能力,而 D 级供应商则需要更多的改进和提高。

此外,沃尔玛还主动关注供应链的可持续发展。沃尔玛鼓励供应商使用可再生能源,减少碳排放和废弃物的产生。沃尔玛还致力于支持供应商和社区之间的合作,鼓励供应商参与社会责任活动,提高社会和环境效益。这些做法不仅有助于保护消费者权益,还有利于提高企业的竞争力和可持续发展。

总结起来,沃尔玛的供应商认证体系案例展示了该公司对产品质量、透明度和可持续性的坚定追求。通过严格的审核和评估,沃尔玛确保供应商符合其要求,并鼓励他们不断提高产品质量和生产效率。

要求:请以项目组为单位,认真阅读案例,分别从沃尔玛的供应商认证体系分析沃尔玛的供应商选择流程与分类管理标准,完成"任务实施"中的问题。

知识链接

供应商管理的首要工作，就是要了解供应商、了解资源市场，而要想了解供应商的情况就要进行供应商调查。

供应商调查是指对供应商的基本资信情况进行调查。对初次接触、未经考核评价的供应商应进行供应商调查。

供应商调查在不同的阶段有不同的要求，可以分成三种：第一种是资源市场分析，第二种是供应商初步调查，第三种是供应商深入调查。

✦ 知识点 1：资源市场分析

（1）资源市场调查的内容

①资源市场的规模、容量、性质。例如，资源市场究竟有多大范围，有多少资源，有多少需求量，是卖方市场还是买方市场，是完全竞争市场还是垄断市场。

②资源市场的环境如何。例如，资源市场的管理制度、法制建设、市场的规范化程度、市场的经济环境、政治环境等外部条件如何，资源市场的发展前景如何。

③资源市场中各个供应商的情况如何，将众多供应商的调查资料进行分析，就可以得出资源市场自身的基本情况，例如，资源市场的生产能力、技术水平、管理水平、质量水平、价格水平、需求情况及竞争性质等。

资源市场调查的目的，就是要进行资源市场分析。资源市场分析对于企业指定采购策略、产品策略、生产策略有很重要的指导意义。

（2）资源市场分析的内容

①要确定资源市场是紧缺型的市场还是富余型市场，是垄断性市场还是竞争性市场。

②要确定资源市场是成长型的市场还是没落型市场。如果是没落型市场，则要趁早准备替换产品。

③要确定资源市场总的水平，并根据整个市场水平来选择合适的供应商。

✦ 知识点 2：供应商初步调查

供应商初步调查是对供应商基本情况的调查，主要是了解供应商的名称、地址、生产能力，能提供什么产品，能提供多少，价格如何，质量如何，市场份额有多大，运输进货条件如何。

（1）供应商初步调查的目的。供应商初步调查的目的是了解供应商的一般情况。而了解供应商一般情况的目的一是为选择最佳供应商做准备；二是了解、掌握整个资源市场的情况。许多供应商基本情况的汇总通常是整个资源市场的基本情况。

（2）供应商初步调查的特点。供应商初步调查的特点：调查内容浅显，只了解一些简单的、基本的情况；调查面广，最好能够对资源市场中所有供应商都有所调查、有所了解，从而能够掌握资源市场的基本情况。

（3）供应商初步调查的方法。供应商初步调查的基本方法，一般可以采用访问调查法，通过访问有关人员而获得信息。例如，可以访问供应企业的市场部有关人员，或者访问有关用户、有关市场主管人员，或者其他的知情人士。通过访问了解供应商的基本信息。

在对供应商进行初步调查的基础上，利用供应商初步调查的资料进行供应商分析。对初步调查的供应商进行分析的主要目的，是比较各个供应商的优势和劣势，选择适合企业需要的供应商。

（4）供应商分析的主要内容。对供应商进行分析的主要内容包括供应商产品的品种、规格和质量水平是否符合企业需要，价格水平如何。只有产品的品种、规格、质量水平都适合企业，才算得上企业的可能供应商，对可能供应商有必要进行下面的分析。

供应商企业的实力、规模如何，产品的生产能力如何，技术水平如何，管理水平如何，企业的信用度如何。

企业的信用度，是指企业对客户、对银行等的诚信程度，表现为供应商对自己的承诺和义务认真履行的程度，特别是在产品质量保证、按时交货、往来账目处理等方面能够以诚相待，一丝不苟地履行自己的责任和义务。

供应商相对于本企业的地理交通状况如何，要进行运输方式分析、运输时间分析、运输费用分析，看运输成本是否合适。

在此分析的基础上，为选定供应商提供决策支持。

✤ 知识点 3：供应商深入调查

供应商深入调查是指对经过初步调查后、准备发展为自己的供应商的企业进行的更加深入的考察活动，这种考察，是深入到供应商企业的生产线、各个生产工艺、质量检验环节甚至管理部门，对现有的设备工艺、生产技术、管理技术等进行考察，检查所采购的产品能不能满足本企业所应具备的生产工艺条件、质量保证体系和管理规范要求。只有通过这样深入的供应商调查，才能发现可靠的供应商，建立起比较稳定的物资采购供需关系。

进行深入的供应商调查，并不是所有的供应商都必须进行深入调查，只是在以下情况下才需要。

（1）准备发展成紧密关系的供应商。例如，在进行准时化（Just in Time，简称为 JIT）采购时，供应商的产品准时、免检、直接送上生产线进行装配。这时，供应商已经成了企业一个生产车间一样的紧密关系。如果企业开始要选择这样紧密关系的供应商，就必须进行深入的供应商调查。

（2）寻找关键零部件产品的供应商。如果企业所采购的是关键零部件，特别是精密度高、加工难度大、质量要求高、在企业的产品中起核心功能作用的零部件产品，企业在选择供应商时，就需要特别小心，要进行反复的深入考察审核，只有经过深入调查证明确实能够达到要求时，才确定发展其为企业的供应商。

任务实施

阅读"任务描述",回答以下问题。

1. 根据案例简述沃尔玛的供应商选择流程与分类管理标准。

_____

_____

_____

_____

2. 讨论沃尔玛在供应商选择时重点考察道德标准的原因,以及对中国企业的启示?

_____

_____

_____

_____

3. 各组派 1 名代表上台进行分享。

任务评价

在完成上述任务后,教师组织三方评价,并对学生任务执行情况进行点评。学生完成考核评价表(见表 6-1)的填写。

表 6-1   考核评价表

班级		团队名称			学生姓名	
团队成员						
考评项目		分值	要求	学生自评 （30%）	团队互评 （30%）	教师评定 （40%）
知识能力	对供应商选择流程 要点分析	20分	分析正确			
	对分类管理标准要点分析	20分	分析正确			
	对供应商评估启示分析	30分	分析合理			
职业素养	文明礼仪	10分	形象端庄 文明用语			
	团队协作	10分	相互协作 互帮互助			
	工作态度	10分	严谨认真			
成绩评定		100分				
心得体会						

任务二 供应商选择

任务描述

西门子选择供应商 15 条原则

（1）寻找行业内最好的供应商，在技术成本和产量规模上领先。

（2）所选定的供应商必须把西门子列为最重要的顾客之一，这样才能保证服务水平和原料的可得性。

（3）供应商必须有足够的资金能力保持快速增长。

（4）每种产品由 2~3 个供应商供货，避免供货风险，保持良性竞争。

（5）每种原材料的供应商数目，不宜超过 3 个，避免过度竞争。

（6）供应商的经营成本每年必须有一定幅度的降低并为此制度化。

（7）供应商的订货份额取决于总成本，成本越高，订货份额就越少。

（8）新供应商可以在平等条件下加入西门子的 E-Biding 系统，以得到成为合格供应商的机会。

（9）当需要寻找新的供应商时，西门子会进行市场研究以找到合适的供应商。

（10）对潜在供应商要考察的是其财务能力、技术背景、质量体系、生产流程、生产能力等综合因素。

（11）合格的供应商将参与研发或加入高级采购工程部门的设计。

（12）先通过试生产流程的审核，来证明供应商能否按西门子的流程要求，来生产符合西门子质量要求的产品。

（13）然后再通过较大规模的试生产，确保供应商达到六西格玛质量标准以及质量和生产流程的稳定性。

（14）如果大规模生产非常顺利，就进一步设立衡量系统（包括质量水平和服务表现）；如果不能达到关键服务指标，西门子就会对供应商进行"再教育"。

（15）当西门子的采购策略有变化时，若供应商的总成本或服务水平低于西门子的要求，供应商的供应资格就可能被取消。

要求：请以项目组为单位，认真阅读案例，完成"任务实施"中的问题。

知识链接

❖ 知识点 1：供应商选择的影响因素

供应商隶属于供应链这一个开放的系统，因而供应商的选择会受到以下因素的影响。

（1）质量因素。质量是供应链的生存之本，供应商提供的产品的使用价值是以产品质量为基础的，它决定了最终消费品的质量，影响着产品的市场竞争力和占有率。因此，质量是选择供应商的一个重要因素。

（2）价格因素。价格低，意味着企业可以降低其生产经营的成本，对企业提高竞争力和增加利润有着明显的作用，是选择供应商的重要因素。但是价格最低的供应商不一定就是最合适的，还需要考虑产品质量、交货时间及运输费用等诸多因素。

（3）交货准时性因素。供应商能否按约定时间和地点将产品运达，直接影响企业生产和供应活动的连续性，也会影响各级供应链的库存水平，继而影响企业对市场的反应速度，从而影响生产商的生产计划和销售商的销售计划。

（4）品种柔性因素。要想在激烈的竞争中生存和发展，企业生产的产品必须多样化，以适应消费者的需求，达到占有市场和获取利润的目的。而产品的多样化是以供应商的品种柔性为基础的，它决定了消费品的种类。

（5）其他影响因素。其他影响因素包括设计能力、特殊工艺能力、整体服务水平、项目管理能力等因素。

❖ 知识点 2：供应商选择的步骤

供应商选择的步骤如图 6-1 所示。

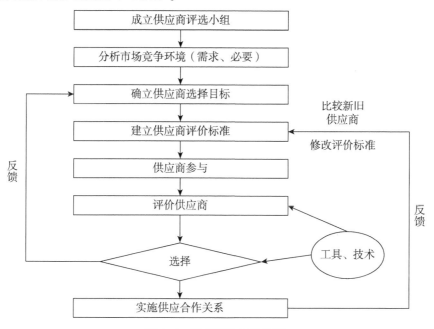

图 6-1　供应商选择的步骤

（1）成立供应商评选小组。采购企业会成立一个专门的小组来控制和实施供应商评价，这个小组的组员以来自采购部、质量部、生产部、工程部等与供应链合作关系密切的部门为主，小组成员需具备一定的专业技能。

（2）分析市场竞争环境。企业会知道现在客户的产品需求是什么、产品的类型和特征是什么，以此来确认客户的需求，确认是否有建立供应关系的必要。如果已经建立供应关系，需要根据需求的变化确认供应合作关系变化的必要性，分析现有供应商的现状，总结企业存在的问题。

（3）确立供应商选择目标。企业会确定供应商评价程序如何实施，而且还会建立实质性的目标。

（4）建立供应商评价标准。供应商评价指标体系是企业对供应商进行综合评价的依据和标准，是反映企业本身和环境所构成的复杂系统的不同属性的指标，是按隶属关系、层次结构有序组成的集合。不同的行业、企业，不同产品需求和环境下的供应商的评价标准应是不一样的。供应商的评价标准应涉及以下几个方面：供应商业绩、设备管理、人力资源开发、质量控制、成本控制、技术开发、客户满意度、交货协议等。根据企业实际状况和供应商选择的时间跨度，对供应商的评价标准也会有所不同，按时间的长短分别有相应的短期标准和长期标准。

①供应商选择的短期标准：商品质量合适、成本低、交货及时、整体服务（安装服务、培训服务、维修服务、升级服务、技术支持服务）水平高、履行合同的承诺等。

②供应商选择的长期标准：供应商质量管理体系是否健全、供应商内部机器设备是否先进及保养情况如何、供应商的财务状况是否稳定、供应商内部组织与管理是否良好、供应商员工的状况是否稳定等。

在确定供应商评价标准时，一定要考虑短期标准和长期标准，把两者结合起来，才能使评价标准更全面，进而利用标准对供应商进行评价，最终寻找到理想的供应商。

（5）供应商参与。一旦企业决定实施供应商评选，评选小组需尽可能让供应商参与评选的设计过程，确认其是否有获得更高业绩水平的愿望。

（6）评价供应商。评价供应商主要的工作是调查、收集有关供应商生产运作等全方位的信息。在收集供应商信息的基础上，可以利用一定的工具和技术方法进行供应商的评价。

（7）实施供应合作关系。在实施供应合作关系的过程中，市场需求也将不断变化。企业可以根据实际情况的需要及时修改供应商评选标准，或重新开始供应商评估选择。在重新选择供应商的时候，应给予新旧供应商以足够的时间来适应变化。

✤ 知识点 3：供应商选择时注意的问题

1. 自制与"外包"采购

一般情况下，外包的比率越高，选择供应商的机会就越大，并以能够分工合作的专业厂商为主要对象。通过外包，企业可以将精力集中于核心产品的生产上，避免精力分散。

2. 单一供应商与多家供应商

单一供应商是指某种物品集中向一家供应商订购。这种采购方式的优点是供需双方的关系密切、购进物品的质量稳定、采购费用低；缺点是无法与其他供应商相比较，容易失去质量、价格更为有利的供应商，采购的机动性小，如果供应商出现问题则会影响本企业的生产经营活动。多家供应商是指向多家订购所需的物品，其优缺点正好与单一供应商的情况相反。

3. 国内采购与国际采购

选择国内的供应商，价格可能比较低，并且由于地理位置近，可以实现即时制生产或者零库存策略；选择国际供应商则可能采购到国内企业技术无法达到的物品，提升自身的技术含量，扩大供应来源。

4. 直接采购与间接采购

若是大量采购或者所需物品对企业生产经营影响重大，则宜采用直接采购，从而避免中间商加价，以降低成本；如果采购数量小或者采购物品对生产经营活动影响不大，则可通过间接采购，节省企业的采购精力与费用。

❖ 知识点 4：供应商选择方法

目前，可以应用于供应商选择的技术方法和工具主要分为直观判断法、协商选择法、招标选择法、线性加权法、采购成本比较法等，制造型企业可以根据自己的实际情况选择其中的方法加以应用。常用的方法如下。

1. 直观判断法

直观判断法是指通过调查、征询意见、综合分析和判断来选择供应商的方法，是一种主观性较强的判断方法，主要是倾听和采纳有经验的采购人员的意见，或者直接由采购人员凭经验作出判断。这种方法的质量取决于对供应商资料掌握得是否正确、齐全和决策者的分析判断能力与经验。这种方法运作简单、快速，但是缺乏科学性，受掌握信息的详尽程度限制，常用于选择企业非主要原材料的供应商。

2. 协商选择法

在可选择的供应商较多、采购单位难以抉择时，可以采用协商选择法，即由采购单位选出供应条件较为有利的几个供应商，同他们分别进行协商，再确定合适的供应商。和招标选择法相比，协商选择法因双方能充分协商，因而在商品质量、交货日期和售后服务等方面较有保证，但由于选择范围有限，不一定能得到最经济、供应条件最有利的供应商。当采购时间较为紧迫，投标单位少，供应商竞争不激烈，订购物资规格和技术条件比较复杂时，协商选择法比招标选择法更为合适。

3. 招标选择法

当采购物资数量大、供应市场竞争激烈时，可以采用招标选择法来选择供应商。采购方作为招标方，事先提出采购的条件和要求，邀请众多供应商参加投标，然后由采购方按照规定的程序和标准一次性从中择优选取交易对象，并与投标方签订协议等过程。注意整

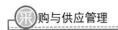

个过程要求公开、公正和择优。

4. 线性加权法

线性加权法的基本原理是给每个准则分配一个权重，每个供应商的定量选择结果为该供应商各项准则的得分与相应准则权重的乘积的和。通过对各候选供应商定量选择结果的比较，实现对供应商的选择。在线性加权法中，公司的供应目标以及根据供应目标所确定的评估标准的权重是两个最重要的因素。

（1）供应目标

供应目标是线性加权法中评估标准权重的设定基础，如何设定评估标准的权重与公司采购商品的供应目标有关。供应目标的优先级别取决于采购商品的性质及该项目对公司的影响。例如，对于一些采购品而言，享有最高优先级的供应目标是获得最合适的设计和质量，而成本只是第二位要考虑的因素。这是因为采购品的设计和质量会对公司的竞争力及赢利能力产生重要的影响。在其他情况下，成本又会成为极为重要的因素。例如，当采购需要支付大量资金的标准产品时，成本就会处于非常重要的位置。同样，在另一情况下，由于产品供不应求，公司最关心的可能是产品的可获得性。当采购的是需要供应商售后支持的项目（如机械等）时，供应商的响应将成为公司关注的重点。

公司应该在明确采购要求和供应计划的最初阶段就确定供应目标，将供应目标与供应市场条件的评价结合起来，制定出有效的供应策略，包括确定与采购品的一个或几个供应商之间应建立何种关系等。

（2）确定权重

通过对各候选供应商定量选择结果的比较，实现对供应商的选择。针对不同的采购对象，权重的设定相差很大。

在对供应商进行综合评定的基础上，建立科学的选择方法，根据项目类别及项目特点，首先确定在哪一等级的供应商中选择。对采购金额大、技术要求高的项目，通常在等级较高的供应商中选择；反之，则在等级较低的供应商中选择。不同公司的权重标准设定如表6-2所示。

表6-2　　　　　　　　　　不同公司的权重标准设定

沃克制造公司		美国电话电报公司（AT&T）		庄臣公司		通用电话电子公司（GTE）		康明斯公司	
因素	权重	因素	权重	因素	权重	因素	权重	因素	权重
质量	35%	质量可靠性	18%	质量	35%	质量	25%	质量	35%
交付	35%	交付	25%	交付	35%	价格	10%	支付	25%
价格	20%	经营问题	15%	价格	20%	客户服务	25%	价格	25%
支持	10%	认证	10%	支持	10%	产品质量	25%	主管	15%

沃克制造公司		美国电话电报公司（AT&T）		庄臣公司		通用电话电子公司（GTE）		康明斯公司	
因素	权重	因素	权重	因素	权重	因素	权重	因素	权重
—	—	质量管理	12%	—	—	供应商合作	15%	—	—
		供应商合作	20%	—	—				

5. 采购成本比较法

对质量和交货期都能满足要求的合作伙伴，则需要通过计算采购成本来进行比较分析。采购成本一般包括售价、采购费用、交易费用、运输费用等各项支出的总和。采购成本比较法是通过计算分析针对各个不同供应商的采购成本，选择采购成本较低的供应商的一种方法。

【对点案例】

某企业生产的机器上有一种零件需要从供应链上的其他企业购进，年需求量为10000件。有三个供应商提供该零件，价格、质量、交货提前期、提前期的安全期采购批量不同（详细数据见下表6-3）。如果零件出现缺陷，每个有缺陷的零件处理成本为6元，主要用于返工的费用。为了比较分析评价的结果，共分3个级别评价供应成本和排名：第一级按零件价格水平排序；第二级按价格和质量水平排序；第三级按价格、质量水平和交货时间排序。

注：该企业考虑提前期和安全期的安全库存计算公式为：

$$SS = K \times s \sqrt{LT + LTS}$$

式中：K 为根据质量可靠性（95%）确定的系数，取 $K = 1.64$；

$\quad\quad\quad$ s 为标准偏差，在这里取 $s = 80$，即每周的零件数量偏差为 80 件；

$\quad\quad\quad$ LT 为交货提前期；LTS 为交货提前期的安全期。

与零件库存有关的维持费用，按库存价值的 25% 计算。

表 6-3　　　　　　　　　　　　　三个供应商数据比较

供应商	价格（元/件）	合格率（%）	交货提前期（周）	提前期的安全期（周）	采购批量（件）
A	9.50	88	6	2	2500
B	10.00	97	8	3	5000
C	10.50	99	1	0	200

【案例解析】

（1）第一级按零件价格水平排序（见表6-4）。

表 6-4   三个供应商按价格水平排序的比较

供应商	单位价格（元/件）	排名
A	9.50	1
B	10.00	2
C	10.50	3

（2）第二级按价格和质量水平排序（见表 6-5）；有缺陷零件的处理成本可根据不同供应商的零件质量水平来计算。

表 6-5   三个供应商按价格和质量水平的比较

供应商	缺陷率（%）	年缺陷量（件）	年缺陷处理成本（元）	质量成本（元/件）	总成本（元/件）	排名
A	12	1200	7200	0.72	9.50+0.72=10.22	2
B	3	300	1800	0.18	10.00+0.18=10.18	1
C	1	100	600	0.06	10.50+0.06=10.56	3

（3）第三级按价格、质量水平和交货时间排序（见表 6-6）。其中主要考虑因素：交货提前期、提前期的安全期、允许的最小采购批量、缺陷零件增加的安全量。综合以上得出如表 6-6 所示。

表 6-6   三个供应商按价格、质量水平和交货时间的比较

供应商	提前期引起的库存价值（元）	批量生产引起的库存价值（元）	总库存价值（元）	年缺陷零件造成的费用（元）	实际总库存价值（元）
A	3525	11875	15400	1848	17248
B	4351	25000	29351	881	30232
C	1377	1050	2427	24	2451

与零件库存有关的维持费用，如库房租赁费、货物保险费等，按库存价值的 25%计算，计算结果如表 6-7 所示。

表 6-7   三个供应商按价格和质量成本的绩效的比较

供应商	实际总库存价值（元）	维持费用（元）	单位零件成本（元/件）
A	17248	4312	0.43
B	30232	7558	0.76

供应商	实际总库存价值（元）	维持费用（元）	单位零件成本（元/件）
C	2451	613	0.06

根据价格、质量成本和交货期的综合评估的比较如表 6-8 所示。

表 6-8　　　　三个供应商按价格、质量成本和交货期的综合评估的比较

供应商	价格（元/件）	质量成本价格（元/件）	交货期成本价格（元/件）	总成本价格（元/件）	排序
A	9.50	0.72	0.43	10.65	2
B	10.00	0.18	0.76	10.94	3
C	10.50	0.06	0.06	10.62	1

【结论】

通过对三家供应商的供货运作绩效的综合评估，在价格、质量、交货时间及订货批量方面，供应商 C 最有优势，最后选择供应商 C 为供应链上的合作伙伴。

任务实施

阅读"任务描述"，回答以下问题。

1. 西门子选择供应商的因素有哪些？

_____

_____

2. 西门子如何应对单源供应带来的风险？

_____

_____

3. 西门子供应商选择带来哪些启示？

_____

_____

4. 各组派 1 名代表上台进行分享。

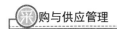

 任务评价

在完成上述任务后，教师组织三方评价，并对学生任务执行情况进行点评。学生完成考核评价表（见表6-9）的填写。

表 6-9   考核评价表

班级		团队名称		学生姓名	
团队成员					

	考评项目	分值	要求	学生自评（30%）	团队互评（30%）	教师评定（40%）
知识能力	对供应商选择分析	20分	分析正确			
	对供应商选择影响因素分析	20分	分析正确			
	西门子供应商选择带来哪些启示	30分	分析合理			
职业素养	文明礼仪	10分	形象端庄文明用语			
	团队协作	10分	相互协作互帮互助			
	工作态度	10分	严谨认真			
成绩评定		100分				
心得体会						

任务三 供应商评估

任务描述

G公司供应商评估

G公司需要采购的A零件有三家供应商，三家供应商评估的指标数据（见表6-10）以及权重（见表6-11）。

表6-10   三家供应商评估指标数据

供应商	甲公司	乙公司	丙公司
利润率	0.2	0.4	0.3
订单紧急程度	6	10	5
信用水平	5	6	5
合作年限	3	5	0

表6-11   三家供应商评估指标权重

评价指标	利润率	订单紧急程度	信用水平	合作年限
权重	0.2	0.4	0.2	0.2

要求：请以项目组为单位，认真阅读案例，分别对供应商评估指标以及权重进行分析，完成"任务实施"中的问题。

知识链接

❖ **知识点1：供应商评估概论**

企业因为采购业务的需要，对供应商进行的管理有着不同的要求。产品的质量、价格、交货、运输、包装、服务及一些特殊的要求不同，企业对供应商的要求也会不一样。在国外，物流供应链管理是企业的第三利润来源。但在中国，物流供应链管理才刚刚开始，很多企业，特别是中小企业在采购管理中选择供应商存在较多问题，主要体现为以下两个方面。

（1）有时根据对供应商的印象而选择供应商，存在一些个人的成分。

（2）对供应商选择的标准不全面，大多只集中在评估要素的某一方面，如产品质量、价格、交货准时性和批量等。

✤ 知识点2：供应商评估标准

1. 建立有效的供应商评估指标体系

供应商评估指标标体系是企业对供应商进行综合评价的依据和标准。

2. 保持动态平衡

在实施供应链合作的过程中，市场需求和供应都在不断变化，必须在保持供应商相对稳定的条件下，根据实际情况及时修改供应商评估标准，或重新开始供应商评估。

3. 确定关键的评估因素

在所有的评估因素中，质量是基本前提。

✤ 知识点3：供应商评估指标

供应商评估是企业与供应商之间进行合作前必不可少的一步。通过评估，企业可以了解供应商的能力、可靠性和适应性，从而更好地选择与之合作的供应商。供应商评估的成功与否直接关系到企业的运营效率和竞争力。因此，科学有效的供应商评估指标与方法的运用对企业具有重要意义。供应商评估指标包括以下几方面。

1. 产品质量

产品质量是最重要的因素，在开始运作的一段时间内，主要加强对产品的检查。检查可分为两种：一种是全检，一种是抽样检验。全检工作量太大，一般采用抽样检验的方法，质量的好坏可以直接用质量合格率来描述。

2. 交货期

交货期是一个很重要的考核指标。考察交货期主要是考察供应商的准时交货率。准时交货率可以用准时交货的次数与总交货次数之比来衡量：

$$交货准时率=准时交货的次数/总交货次数\times100\%$$

3. 交货量

考察交货量主要是考核按时交货情况。按时交货情况，可以用按时交货率来评价。按时交货率指给定交货期内实际交货量与期内应当完成交货量的比率：

$$按时交货率=期内实际交货量/期内应当完成交货量\times100\%$$

也可以用未按时交货率来描述：

$$未按时交货率=期内实际未完成交货量/期内应当完成交货量\times100\%$$

如果每期的交货率不同，则可用平均按时交货率来计算：

$$平均按时交货率=各期按时交货率/n\times100\%$$

考核总的供货满足率或总缺货率，用下式描述：

$$总的供货满足率=期内实际完成供货量/期内应当完成供货量\times100\%$$

$$总缺货率=期内实际未完成供货量/期内应当完成供货量\times100\%=1-总的供货满足率$$

4. 工作质量

考核工作质量，可以用交货差错率和交货破损率来描述：

$$交货差错率＝期内交货差错量/期内交货总量×100\%$$

$$交货破损率＝期内交货破损量/期内交货总量×100\%$$

5. 价格

价格是指供货的价格水平。考核供应商的价格水平，可以和市场同档次产品的平均价格和最低价格进行比较，分别用市场平均价格比率和市场最低价格比率来表示：

$$市场平均价格比率＝（供应商的供货价格-市场平均价格）/市场平均价格×100\%$$

$$市场最低价格比率＝（供应商的供货价格-市场最低价格）/市场最低价格×100\%$$

6. 进货费用水平

考核供应商的进货费用水平，可以用进货费用节约率来考核：

$$进货费用节约率＝（本期进货费用-上期进货费用）/上期进货费用×100\%$$

7. 信用度

信用度主要考核供应商履行自己的承诺，以诚待人，不故意拖账、欠账的程度。信用度可以用公式来描述：

$$信用度＝1-期内失信的次数/期内交往总次数×100\%$$

8. 配合度

配合度主要考核供应商的协调精神。在和供应商相处的过程中，常常因为环境的变化或企业内部预料不到的情况的发生，需要调整变更工作任务，这种变更可能会导致供应商工作的变更。这种情况可以考察供应商在这些方面的配合程度。

任务实施

阅读"任务描述"，回答以下问题。

1. 计算 G 公司供应商评估优先级？

_____

_____

2. 供应商评估有哪些指标？该如何选择这些指标？

_____

_____

3. 各组派 1 名代表上台进行分享。

任务评价

在完成上述任务后，教师组织三方评价，并对学生任务执行情况进行点评。学生完成考核评价表（见表6-12）的填写。

表 6-12　　　　　　　　　　　　　考核评价表

班级		团队名称		学生姓名	
团队成员					
考评项目		分值	要求	学生自评（30%）	团队互评（30%）	教师评定（40%）

考评项目		分值	要求	学生自评（30%）	团队互评（30%）	教师评定（40%）
知识能力	对供应商评估指标分析	20分	分析正确			
	对供应商评估加权分析	20分	分析正确			
	对供应商评估选择分析	30分	分析合理			
职业素养	文明礼仪	10分	形象端庄文明用语			
	团队协作	10分	相互协作互帮互助			
	工作态度	10分	严谨认真			
成绩评定		100分				
心得体会						

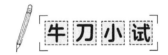

参考答案

一、单项选择题

1. 供应商调查可以分成三种：供应商初步调查、供应商深入调查和（　　　）。

A. 供应商走访　　　　　　　　　　　B. 资源市场分析

C. 供应商访问调查　　　　　　　　　D. 初步市场分析

2. 下列（　　　）因素对供应商选择影响最大。

A. 价格　　　　　B. 质量　　　　　C. 交货期　　　　　D. 服务

3. 以下各项，不属于供应商选择的主要影响因素的是（   ）。

A. 质量因素　　　　 B. 价格因素　　　　 C. 交货准时性因素　　 D. 企业规模

二、多项选择题

1. 供应商深入调查耗时费力，下列情况中需要进行深入调查供应商的是（   ）。

A. 准备发展成紧密关系的供应商　　　　 B. 寻找关键零部件产品的供应商

C. 选择物美价廉的供应商　　　　　　　 D. 选择非关键产品供应商

2. 对供应商评估的主要指标包括（   ）。

A. 质量　　　　　　 B. 价格　　　　　　 C. 交货时间　　　　 D. 服务

3. 以下（   ）不是供应商选择的影响因素。

A. 价格因素　　　　　　　　　　　　　 B. 售后服务因素

C. 品种柔性因素　　　　　　　　　　　 D. 生产能力因素

4. 供应商选择采购成本比较法所需要考虑的成本包括（   ）。

A. 售价　　　　　　 B. 采购费用　　　　 C. 交易费用　　　　 D. 运输费用

三、案例分析题

某大型汽车制造商（以下称"B公司"）正在为其新款电动汽车项目选择电池供应商。考虑到电池性能、成本、可靠性及长期合作的可能性，B公司开展了一系列详细的供应商选择过程。

（1）初步筛选：B公司首先根据市场研究和行业报告，确定了10家潜在的电池供应商。这些供应商在电池技术、产能和市场声誉等方面均表现优异。

（2）深入评估：B公司组织了一个由技术部、采购部、质量部、财务部等部门组成的跨部门团队，对初步筛选出的10家供应商进行了深入评估。评估内容包括但不限于以下方面。

①产品质量和性能：电池的能量密度、循环寿命、安全性等关键指标；

②产能和交货能力：供应商的产能是否满足B公司的需求，以及交货的准时性和可靠性；

③技术创新能力：供应商在电池技术方面的研发能力和创新能力；

④财务状况和稳定性：供应商的财务状况是否健康，能否保证长期合作的稳定性；

⑤服务和支持：供应商在售后服务、技术支持等方面的表现。

（3）现场考察：B公司派出团队对初步评估表现优异的几家供应商进行了现场考察，更直观地了解供应商的生产能力、质量管理体系、技术实力等情况。

（4）综合评估和决策：基于深入评估和现场考察的结果，B公司对供应商进行了综合评估，并考虑了与供应商的长期合作潜力和战略匹配度。最终，B公司选择了3家供应商作为合作伙伴，并与其签订了长期供应合同。

请分析下列问题：

1. B 公司进行的深入调查内容是否全面？

2. 深入调查的方式（如生产现场考察、客户评价等）是否有效？

3. 你认为还有哪些调查内容或方式可以进一步提高供应商评估的准确性？

四、技能训练题

某原材料供应商指标数据

序号	供应商名称	供应商代码	供货价格（元/件）	提前期（天）	准时率（%）	合格率（%）
1	南通风畅	AD10001	210	3.2	96.5	94.62
2	杭州吉安	AD10002	180	3.6	89.9	89.96
3	合肥简约	AD10003	198	3.8	90.6	91.95

评价指标权重表

序号	评价指标	评价指标权重
1	价格水平	30%
2	交货时间	15%
3	准时表现	30%
4	质量表现	25%

根据案例，选择最优供应商。

项目七
采购过程与采购合同管理

◎知识目标
- 掌握采购程序、采购表格、采购监管与控制、采购合同管理的定义。
- 了解采购流程的一般程序及技术方法。
- 了解采购程序、采购表格、采购监管与控制、采购合同管理的具体内容。
- 理解采购表格的基本类型与应用。
- 了解采购程序、采购表格、采购监管与控制、采购合同管理未来发展趋势。

※能力目标
- 能够对采购程序的定义、目标、一般流程进行分析。
- 能够对采购表格的类型与应用进行分析，并能够制定采购表格。
- 能够分析采购监管与控制所面临的挑战及其解决策略，以及未来发展方向。
- 能够分析采购合同的签订注意事项、采购合同管理的主要职责，以及采购合同管理面临的风险和对策。

※思政目标
- 引导学生在采购决策中考虑国家利益和社会责任。培养学生的社会主义核心价值观，增强学生社会责任感。
- 强调在采购合同履行中对工作高度负责的精神，培养学生的敬业精神。
- 培养学生诚实守信的品质，严格遵守合同约定，树立正确的价值观。
- 让学生了解采购合同管理中的法律法规，增强法治意识。

采购过程与采购合同管理

- 采购程序
  - 采购程序定义
  - 采购程序目的
  - 采购程序一般流程
  - 采购程序参与者
- 采购表格
  - 采购表格定义
  - 采购表格应用
  - 采购表格类型
  - 采购表格制定
- 采购监管与控制
  - 采购监管与控制的定义
  - 采购监管与控制的内容
  - 采购监管与控制面临的挑战与应对策略
  - 采购监管与控制的发展趋势
- 采购合同管理
  - 采购合同定义
  - 采购合同内容
  - 采购合同签订
  - 采购合同管理风险及对策

 **岗位分析**

岗位1：采购助理

岗位职责：协助采购人员完成采购任务，包括准备采购文件、整理资料等；与供应商进行日常沟通，包括询价、催货等；跟进采购订单的执行情况，确保按时到货；整理和保管采购合同、报价单等相关文件；配合质量部门进行采购物资的质量检查工作；与公司内部其他部门协调沟通，确保采购工作顺利进行；协助收集市场信息，协助采购人员进行市场调研。

典型工作任务：根据需求协助采购人员制订采购计划；跟踪采购订单进度，及时催货确保按时交付；协助采购人员进行价格谈判，收集相关信息和数据；发现采购物资的质量问题，及时反馈并协助处理。

职业素质：有责任心、讲诚信、正直、有团队合作精神、有保密意识。

职业能力：能与供应商、内部各部门进行有效沟通；能够分析采购数据，提供相关信息；及时解决采购过程中出现的问题；熟练处理采购相关文件和资料。

可持续发展能力：能不断学习采购领域的新知识、新技能；能适应采购工作环境和要求的变化；能主动提升自身素质和能力。

岗位2：采购文员

岗位职责：整理、归档采购相关文件，确保文件的完整性和准确性；负责采购合同及其他文件的打印、复印、装订等工作；将采购数据准确无误地录入系统；统计采购相关数据，制作报表；协助采购部门的日常行政工作，如会议安排、接待等；完成领导交办的其他临时性任务。

典型工作任务：收集潜在供应商信息，整理并更新供应商档案；准备采购申请单、合同等文件，管理相关文件的存档；将采购相关数据准确录入系统，进行统计和分析。

职业素质：具备良好的服务意识、保密意识。

职业能力：熟练操作办公软件，高效处理各类文档；准确管理和维护采购数据；与不同人员进行有效沟通和协作。

可持续发展能力：能不断学习采购文件处理所需要的新知识和新技能，适应工作变化；能主动提升自身综合素质。

 **项目导读**

党的二十大报告中指出："在充分肯定党和国家事业取得举世瞩目成就的同时，必须清醒看到，我们的工作还存在一些不足，面临不少困难和问题。主要有：发展不平衡不充

分问题仍然突出，推进高质量发展还有许多卡点瓶颈，科技创新能力还不强；确保粮食、能源、产业链供应链可靠安全和防范金融风险还须解决许多重大问题。"由此可见，产业链供应链可靠安全和防范金融风险的重要性。

规范的采购流程有助于确保采购的物资符合质量要求，避免因质量问题导致供应链中断或存在安全隐患。通过合理的采购流程，可以与可靠的供应商建立长期稳定的合作关系，保障物资供应的连续性和稳定性。科学的采购流程能够减少采购成本，避免不必要的支出，从而降低供应链的总成本，提高经济效益，减少因成本过高带来的金融风险。严格的采购流程可以减少采购环节中的欺诈行为和不正当交易，降低腐败风险，保障资金安全。在采购过程中，能够对供应商风险进行评估和管控，降低供应链中的潜在风险，如供应商破产、违约等情况。采购流程的透明性有助于及时掌握供应链动态，发现问题并及时采取措施，保障供应链的可靠性和安全性。

采购监管与控制能够保证采购活动符合法律法规、企业政策和行业标准，降低违规风险。监督采购的货物或服务质量，防止低质量产品或服务进入供应链，保障供应链的可靠性。有效监管能减少采购过程中的不正当行为，维护供应链的稳定。加强对供应商的监督和评估，确保其履约能力和信誉，保障供应链的稳定。及时发现潜在风险和问题，以便采取措施加以防范和应对，降低供应链风险。促进采购与其他环节协同配合，提升供应链整体效率和安全性。

采购合同管理确保供需双方对各自的责任、义务有清晰的界定，减少纠纷和误解，保障供应链的稳定运行。通过合同约定质量标准和验收程序，保证所采购物品或服务的质量，提升供应链的可靠性。约束双方按时、按质、按量履行合同，降低违约风险，防止供应链中断。合理避免合同履行过程中的风险，如货物损失、延迟交付等，降低各方损失。明确在发生争议时的解决途径和方法，及时解决问题，避免风险扩大。规范付款方式和时间，保障采购方的资金安全，防止资金被非法占用或挪用。对合同变更进行有效管控，避免因变更带来的不确定性和风险。保留合同执行过程中的相关信息，便于追溯和审查，为风险管理提供依据。

任务一 采购程序

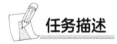

任务描述

流程再造成功案例——采购流程（福特汽车公司）

采购程序

20世纪80年代初，福特汽车公司跟美国的其他许多公司一样，想方设法紧缩人员，减少行政管理费用。福特汽车公司认为能够减少费用的地方之一是应付账款部门。向福特汽车公司供货的供应厂商提出的账单，由该部门付款。当时，福特汽车公司的北美应付账款部门雇用了500多名人员。该公司的管理层认为通过使用电脑使某些职能自动化，能够使该部门工作人员的数量减少到400名，即约减少20%。根据我们给再造所下的定义，使原有的手工操作实现自动化而取得的改进仍属于渐进，算不上是企业再造。福特汽车公司的管理层认为减少约20%人员的成绩已经很不错，直至他们参观了日本马自达汽车公司。福特汽车公司的管理人员注意到马自达汽车公司雇用的办理应付账款事务的人员只有5名，而福特汽车公司却雇用了500多名，两者对比，相差悬殊，其原因不是能用规模大小、企业精神等解释得了的。福特汽车公司通过自动化使其人员减少约20%，但制造汽车的成本显然仍不能同马自达汽车公司相匹敌。于是，福特汽车公司的主管人员不得不对包括应付账款部门在内的全部工作流程进行反思。

这个决定标志着福特汽车公司的观点发生了重大的变化，因为公司的再造只能从业务流程着手，而不是从与完成这种流程有关的行政组织机构着手。"应付账款"不是一种工作流程，因此，不是再造的问题。它是一个部门，是组织机构上的一种产物，是从某种特定的流程设计所派生出来的。应付账款部门是由一群办事人员组成的，他们坐在办公室内，把有关的凭证传来递去。人员也不是再造的目标，但是，他们所做的工作，是能够再造的，流程再造后，为了完成新的工作流程，人员终将得到调整。至于怎样调整，则要根据再造后的流程本身的需要而定。

福特汽车公司终于决定再造的流程并不是"应付账款"，而是"采购工作"。采购流程是从提出购货订单开始，也就是说，从根据下属工厂所需要的原材料、零部件而提出购货订单开始，一直到最终付款，将货供应给下属工厂（该工厂就是采购流程中的客户）为止。采购流程包括应付账款职能，但它还包括购货和收货。

福特汽车公司新的采购流程是：采购部门的一名采购员向供应商发出购货订单，与此同时，将订单上的有关内容输入联机数据库。供应商跟以往一样，将货物发往买方的收货点。货物运到后，收货点的工作人员通过电脑终端机进行核对，查看已经运到的货物同数据库中贮存的已经发出的购货订单的内容记录两者是否相符。只有两种可能性：相符或不相符。一方面，如果相符，收货点的工作人员接收这批货物，并将信息输入数据库，在数据库中显示这批货物已经运到。数据库现在已记下收到这批货物，而且，电脑会自动签发一张支票并在适当时候把它发往供应商。另一方面，如果这批货物同数据库中已经发出的购货订单的内容记录不相符，那么，收货点的工作人员拒绝在运货单上签收，把它退还给供应商。

福特汽车公司这次再造的基本概念是简单明了的。审定支付贷款一事，以往由应付账款部门负责，现在改在收货点上办理。这项工作的原有流程比较复杂，例如，查找材料，暂缓执行，记入备忘录，等等，足以使 500 多名办事人员为此忙忙碌碌。新的流程却不是这样。实际上，在新的流程实施后，整个应付账款部门几乎没有继续存在的必要。在福特汽车公司的某些部门，例如，在发动机部，办理应付账款的人员减少到只有过去的 5%。原有的人员中只有极少数人留下来，继续做应付账款方面的工作，处理工作中出现的特殊情况。

要求：请以项目组为单位，认真阅读案例，分别从流程再造、采购流程再造要点对福特汽车公司流程再造模式进行分析，完成"任务实施"中的问题。

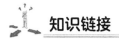

知识链接

❖ **知识点 1：采购程序定义**

采购程序的起源可以追溯到商品经济发展的早期阶段。随着贸易的兴起和企业的发展，人们逐渐意识到需要一套规范化的流程来确保物资的获取和交易顺利进行。

采购程序是指企业或组织为实现采购目标，按照一定的逻辑顺序和规定步骤，从需求确定到最终采购成果验收及后续处理的一系列有组织、有计划的活动过程。它涵盖了需求分析、供应商选择、合同签订、订单执行、质量控制、交付验收和付款等环节，旨在确保采购活动的高效、合规和满足企业需求。

❖ **知识点 2：明确采购程序目的**

通过合理的采购流程，可以优化资源分配，使企业资源得到更有效的利用；有助于减少不必要的采购支出，避免资源浪费；降低成本、提高质量，增强企业在市场中的竞争力。明确采购程序的目的主要包括以下方面。

（1）满足企业需求：精确地获取企业生产、运营和发展所需的各种物资或服务，确保企业的正常运转，避免因物资短缺或不适用而影响业务进程。

（2）控制成本：通过合理采购策略，如集中采购、供应商谈判等，争取更有利的价格、付款条件等，降低采购成本，提高企业经济效益，增强企业在市场中的竞争力。

（3）确保质量：选择质量可靠的供应商和优质的产品或服务，从源头上保障企业所获得的物资或服务的质量，减少因质量问题导致的返工、维修等额外成本，同时提升企业产品或服务的品质。

（4）提高效率：优化采购流程，减少不必要的环节和等待时间，使采购活动更加顺畅和快捷，从而提高企业整体运营效率。

（5）建立稳定的供应链：与合适的供应商建立长期合作关系，确保物资的稳定供应，降低供应风险，维护供应链的稳定性。

（6）风险管理：在采购过程中，注意识别和评估潜在风险，如供应商违约、质量问题等，并采取相应措施加以防范和应对，降低企业面临的风险。

（7）战略支持：采购程序可以与企业的战略规划相配合，为企业的发展提供支持，例如，确保关键资源的获取，推动企业创新和升级等。

（8）促进创新：与具有创新能力的供应商合作，获取新的技术、产品或解决方案，为企业的发展注入新动力，提升企业的创新能力和竞争力。

（9）提升企业声誉：通过合法、规范的采购行为，树立企业良好的形象和信誉，增强企业在市场和社会中的认可度。

（10）优化资源配置：合理安排采购资金和资源，使其得到最有效的利用，实现企业资源的优化配置。

✤ 知识点 3：采购程序一般流程

明确的采购程序会使各项采购活动按部就班地进行，避免混乱和无序，减少重复工作和延误；各个环节紧密衔接，信息传递顺畅，有助于快速做出决策，缩短采购周期；规范的流程有助于发现成本节约的机会，如批量采购、优化运输等；按照采购程序进行采购活动，确保各项操作合法合规，避免潜在的法律风险。总之，完善的采购程序一般流程对于企业的采购活动具有至关重要的意义，能够在多个方面提升企业的竞争力。采购程序一般流程包括以下几个步骤。

1. 明确采购需求

通过市场调研、与内部相关部门沟通等方式，收集顾客或内部业务部门对产品或服务的需求信息，包括数量、质量、性能等方面的要求。对收集到的需求信息进行分析和整理，明确具体采购需求，如物资名称、规格、技术要求、数量等。

2. 制订采购计划

将明确的采购需求具体列出，包括物品名称、规格、型号等；根据实际业务需求、库存状况等，合理评估所需采购的数量；根据采购物品的总金额和企业的预算情况，确定采购预算；考虑生产或使用的时间节点，安排合理的采购时间，确保按时到货；分析可能影响采购的风险，如供应中断、质量问题等，并制定相应的应对措施；将以上信息整理成详细的采购计划文档，包括各项具体内容和执行步骤。

3. 供应商选择

在明确采购需求后，进行供应商选择，在选择供应商时，主要从供应商资质和信誉、

产品质量、价格竞争力、供货能力、服务水平、地理位置、过往合作经验、技术能力、稳定性等方面进行评估。

4. 采购合同谈判

采购合同谈判是采购程序的一个重要环节，在进行采购合同谈判时应注意以下关键要点。

（1）明确谈判目标。在谈判前，必须明确自己的期望和底线，包括价格、质量、交货期、服务等关键要素。这有助于在谈判过程中保持清晰的方向和坚定的立场。

（2）准备充分。了解市场行情，包括同类产品或服务的价格、质量、供应商情况等。收集相关数据和信息，如供应商的历史业绩、信誉度、生产能力等，作为谈判的依据和筹码。

（3）价格谈判。价格是谈判中的核心议题之一。要讨论单价、总价以及付款方式等，争取合理的价格优惠。同时，要考虑价格与质量的平衡，避免单纯追求低价而忽视质量。

（4）质量要求。明确产品或服务的质量标准、验收方式及不合格品的处理方式。确保供应商提供的产品或服务符合企业的实际需求和质量要求。

（5）交货条款。协商交货时间、地点、运输方式及包装要求等。确保供应商能够按时、按量、按质供货，避免延误和损失。

（6）违约责任。明确双方在合同履行过程中可能出现的违约情况及相应的责任。这有助于在发生违约时，能够迅速、有效地解决问题，并保护双方的合法权益。

（7）争议解决。确定解决争议的方式，如仲裁、诉讼或调解等。在合同中明确争议解决的程序和规则，有助于在发生争议时保持冷静、理性地解决问题。

（8）谈判技巧。运用适当的谈判技巧，如倾听、提问、让步等。倾听对方的意见和需求，提问以了解对方的立场和底线，适当让步以达成双方都能接受的协议。同时，要保持冷静、理智，避免情绪化的行为。

（9）团队协作。谈判团队成员之间要相互配合，发挥各自的优势。在谈判前进行充分的沟通和准备，确保团队成员对谈判目标和策略有清晰的认识。在谈判过程中，团队成员要相互支持、协作，共同应对挑战和困难。

（10）记录和确认。在谈判过程中及时记录重要事项和达成的共识。这有助于在谈判结束后进行确认和回顾，确保双方对协议内容有清晰、准确的理解。同时，有助于在后续合同履行过程中避免误解和纠纷。

5. 签订采购合同

采购合同的条款和条件达成一致后，可以签订采购合同，发出采购订单订购货物。在进行签订采购合同时应注意以下关键要点。

（1）合同条款清晰明确。确保合同中各项条款表述准确、无歧义。这包括产品或服务的详细描述、数量、价格、质量标准、交货时间、付款方式等关键信息。任何模糊或含糊不清的表述都可能导致后续执行中产生争议和纠纷。

（2）双方权利义务。明确买卖双方的权利和义务，确保双方对合同内容有清晰的认识和共识。这包括卖方的供货义务、质量保证义务，以及买方的付款义务、验收义务等。通过明确双方的权利和义务，可以保障双方的合法权益，避免不必要的争议。

（3）违约责任。规定双方在违约情况下的责任和赔偿方式。这有助于在发生违约时，能够迅速、有效地解决问题，并保护守约方的合法权益。违约责任条款应具体、明确，包括违约金的计算方式、赔偿范围等。

（4）争议解决方式。选择合适的争议解决途径，如仲裁或诉讼。在合同中明确争议解决的程序和规则，有助于在发生争议时保持冷静、理性地解决问题。同时，选择合适的争议解决方式可以降低解决争议的成本和时间。

（5）合同有效期。明确合同的生效时间和有效期。合同的生效时间通常从双方签字盖章之日起开始计算，而有效期则根据交易的具体情况和双方的需求来确定。明确合同的有效期有助于双方对合同的执行和终止有清晰的认识和规划。

（6）签字盖章。合同需经双方正式签字盖章后生效。签字盖章是合同成立的必要条件之一，也是合同具有法律效力的标志。在签字盖章前，双方应仔细审查合同内容，确保无误后再进行签字盖章。

（7）留存备份。签订后妥善保存合同副本，以备后续查询和使用。合同是双方交易的重要凭证和依据，在后续执行过程中可能需要频繁查阅和使用。因此，双方应妥善保管合同副本，并确保其安全性和完整性。

6. 跟单催货，验货付款

在跟单催货时，建立跟踪机制，明确跟单流程和责任人，定期对订单进行跟踪；与供应商保持密切沟通，了解货物生产或运输进度；发现进度滞后时，及时督促供应商加快进度。

验货付款时，需要明确验货标准和流程，准备好相关工具和人员；按照约定的标准和方法对货物进行仔细检查，包括数量、质量、外观等方面；如发现问题，详细记录并与供应商沟通解决；在验货合格后，按照合同约定进行付款。在整个过程中，要保持严谨和细心，确保采购的货物符合要求，保障企业的利益。

7. 采购评估

采购评估是对采购活动的全面审查和评价，在进行采购评估时应注意以下关键要点。

（1）供应商表现。评估供应商是否能按照合同约定的时间准时交货，这关系到生产线的连续性和客户满意度。考察供应商提供的产品或服务的质量是否稳定可靠，有无频繁的质量问题或退货情况。评价供应商在售后服务、技术支持、问题解决等方面的表现，以及其对客户需求的响应速度和解决问题的能力。

（2）成本效益。分析采购成本是否控制在预算范围内，是否实现了成本节约或成本效益最大化。这包括直接采购成本、间接成本及长期合作中的成本变化趋势。

（3）产品或服务质量。考察采购的物品或服务是否符合企业内部的质量标准和客户要求，包括性能、耐用性、安全性等方面。

（4）合同履行情况。检查合同条款的执行情况，如交货时间、数量、规格、付款方式等是否严格遵循合同规定。同时，关注合同变更和补充协议的处理情况。

（5）风险管理。评估采购过程中可能遇到的风险，如供应中断、价格波动、质量不稳定等，并分析采取的应对措施是否有效，能否降低风险发生的可能性和影响程度。

（6）流程效率。评价采购流程的顺畅程度和效率，包括需求提出、供应商选择、合同签订、订单执行、收货验收、付款结算等各个环节。识别流程中的瓶颈和冗余环节，提出改进建议。

（7）团队协作。考量采购团队内部以及与其他部门（如生产、研发、财务等）之间的协作情况。评估团队成员之间的沟通效率、问题解决能力和团队凝聚力。

（8）满意度。了解内部客户（如生产部门、销售部门等）对采购结果的满意度，包括产品质量、交货及时性、价格合理性、服务支持等方面。这可以通过问卷调查、面对面访谈等方式进行。

通过采购评估，可以总结经验教训，为后续采购活动提供参考和改进方向。采购程序的一般流程如图 7-1 所示。

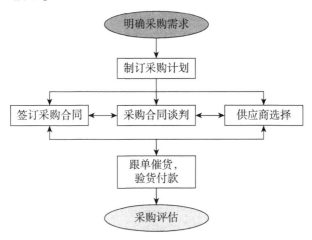

图 7-1　采购程序的一般流程

❖知识点 4：采购程序参与者

采购程序中的参与者主要包括采购方、供应商、采购代理机构（如存在）、质量控制人员及财务人员，参与者主要工作任务及职责如下。

1. 采购方

在采购程序中，采购方主要的工作任务及职责包括：明确所需采购物品或服务的详细要求、技术规格等；制订采购计划，包括采购数量、时间安排、预算等；供应商调研与选择，寻找潜在供应商，评估其资质、信誉、产品质量等；谈判与合同签订，与选定的供应商进行谈判，签订采购合同，明确双方权利和义务；订单管理，下达采购订单，跟踪订单执行情况；质量监控，对采购物品或服务质量进行检查和监督；风险管理，识别和应对采购过程中的风险；文档管理，整理和保存与采购相关的文件和记录；绩效评估，对采购活动进行总结和评估，不断改进采购流程和方法。

2. 供应商

在采购程序中，供应商主要的工作任务及职责包括：产品或服务提供，按照采购方要求，按时提供符合质量标准的产品或优质的服务；质量保证，确保所提供的货物或服务质量可靠，满足采购方需求；价格确定，根据采购要求，合理制定价格，并确保价格具有竞争力；按时交付，在约定的时间内交付货物或完成服务，确保不延误采购方的生产或运营；售后服务，提供必要的售后服务，解决采购方在使用过程中遇到的问题；沟通协调，与采购方保持良好的沟通，及时回应需求，协商解决问题；诚信履约，严格遵守合同约定，履行自身的责任和义务。

3. 采购代理机构（如存在）

在采购程序中，采购代理机构主要的工作任务及职责包括：市场调研，收集和分析市场信息，了解产品、价格和供应商情况；供应商寻找与筛选，协助采购方寻找合适的供应商，并进行初步筛选；文件编制，负责编制采购文件，如招标文件、谈判文件等；流程管理，组织和管理采购活动的各个环节，确保程序合规；协助谈判，在谈判过程中提供专业支持，协助采购方与供应商达成合理协议；合同管理，协助起草、审核和签订采购合同，监督合同执行；监督执行，跟踪采购项目的执行情况，及时发现和解决问题；咨询建议，根据专业知识和经验，为采购方提供采购策略和建议。

4. 质量控制人员

在采购程序中，质量控制人员主要的工作任务及职责包括：制定质量标准，明确采购物品或服务应达到的质量要求和技术指标；检验和测试，对采购的货物或服务进行抽样检查、测试，确保符合质量标准；质量问题反馈，发现质量问题及时反馈给相关部门和人员，提出改进建议；验收把关，参与采购项目的验收工作，严格把关质量；质量跟踪，跟踪采购物品或服务在使用过程中的质量情况，收集质量数据；协助改进，协助供应商分析质量问题产生的原因，共同推动质量提升。

5. 财务人员

在采购程序中，财务人员主要的工作任务及职责包括：预算管理，参与采购预算的编制和控制，确保采购支出在预算范围内；费用审核，审核采购相关费用的合理性和合规性；资金安排，合理安排采购资金，保障采购款项的支付；成本核算，对采购成本进行核算和分析，为采购决策提供财务依据；合同财务条款审核，审核采购合同中的财务相关条款，确保符合财务规定；支付管理，按照合同约定办理采购款项的支付手续；财务监督，对采购过程中的财务活动进行监督，防范财务风险。

任务实施

阅读"任务描述"，回答以下问题。

1. 福特汽车公司为什么要实施采购流程重组？

_____

_____

_____

2. 福特汽车公司采购流程再造模式是什么？分析其成功要点。

_____

_____

_____

3. 对于福特汽车公司而言，你认为采购流程再造寻找改进的方向和目标是什么？

_____

_____

_____

4. 各组派 1 名代表上台进行分享。

任务评价

在完成上述任务后，教师组织三方评价，并对学生任务执行情况进行点评。学生完成考核评价表（见表 7-1）的填写。

表 7-1　　　　　　　　　　　　　考核评价表

班级		团队名称			学生姓名	
团队成员						
	考评项目	分值	要求	学生自评（30%）	团队互评（30%）	教师评定（40%）
知识能力	对采购程序定义内容要点描述	20分	描述正确			
	对采购流程再造要点分析	20分	分析正确			
	对福特汽车公司流程再造模式要点分析	30分	分析合理			
职业素养	诚实守信	10分	形象端庄文明用语			
	团队协作	10分	相互协作互帮互助			
	工作态度	10分	严谨认真			
成绩评定		100分				
心得体会						

任务二　采购表格

任务描述

西安市×××有限公司采购订单模板

西安市×××有限公司
采　购　订　单

采购表格

订单号：

供应商：	采购商：
联系人：	联系人：
电 话：	电 话：××55-×××××××
传 真：	传 真：××55-×××××××

物料品名、规格	数量	单位	交期	单价（¥）	合计（¥）	备注

金额合计（大写）：　　　　　　　　金额合计（小写）：

交货地点：西安市××××

供应条例	一、交货原则 1. 供应商收到订单后，请检查单价、数量、产品规格、交期，确认后回传，8 小时内未回传视为默认； 2. 供应商必须在采购周期内或因特殊原因由双方共同协商的期限内将货物交到需求方处，每延迟半个工作日交货按货款总额的 30% 赔偿违约金，我司直接在货款中扣除；对因延误我司交期造成的其他损失，我司保留索赔权利； 3. 供应商在规定时间内所送物料必须符合订单要求，送错料或送少料，应在一天内更换或补料，否则，所带来的损失由供应商全部承担
	二、不良品处理 1. 不合格或不符合送样规格的货物，我司一律拒收，同时，造成的误工、误时、误料以及我司客户索赔，供应商须承担全部责任； 2. 供应商必须在我司采购部书面或电话通知的时间内处理好供应物料的不良品，否则，48 小时后我司将自行处理

续　表

供应条例	三、付款原则 1. 结款前，供应商须在规定时间内完成对账； 2. 结款时，须有加盖贵司公章的送货单回单（必须注明我司本厂订单号和采购单号）、收据及我司入库单
备　注	1. 请供应商务必按照采购订单与我司合作，否则，所产生的后果由供应商自行解决； 2. 请供应商务必开具送货单且在送货单上注明我司订单号码和所下单数量； 3. 谢谢合作

采购员：　　　　　　　　批准：　　　　　　　　　供应商加签：
日　　期：　　　　　　　　　　　　　　　　　　　　日　　　期：

要求：请以项目组为单位，认真阅读案例，完成"任务实施"中的问题。

知识链接

✤ 知识点 1：采购表格定义

随着商业活动的逐渐发展和规模化，采购行为变得越来越频繁和复杂。早期的采购管理主要依靠手工记录和简单的文档，但随着交易数量的增加和信息需求的多样化，人们开始意识到需要一种更系统、更规范的方式来管理采购信息。于是，采购表格逐渐产生并不断演进，从最初简单的记录工具发展到如今包含丰富数据和功能的综合性管理工具。

采购表格发展历程包括以下 3 个阶段。

①手工记录阶段：最初，采购信息主要通过人员手工记录在纸质文档上，这种方式效率较低且容易出错。

②表格化管理阶段：随着科技的进步，逐渐出现了专门的采购表格，将采购信息规范化地呈现，便于管理和查阅。

③信息化阶段：现在，随着信息技术的发展，采购表格逐渐与电子系统相结合，实现了更高效、更精确的采购管理。

采购表格是一种用于记录、跟踪和管理采购相关信息的工具，通常以表格形式呈现数据。

采购表格对采购活动具有积极的影响。

（1）采购流程的简化。采购表格以清晰的格式呈现关键信息，使各个环节一目了然，减少了流程中的混乱和误解，从而简化了采购流程。

（2）采购效率的提高。快速准确地填写和处理采购表格，节省了时间和精力，提高了工作效率。便于信息传递和共享，减少了沟通成本和时间延误。

（3）采购成本的控制。详细记录采购价格、数量等信息，有助于进行成本分析和比较，为控制采购成本提供依据；能够及时发现成本异常，采取相应措施进行调整。

（4）采购数据的准确性和完整性。采购表格确保了数据的规范录入和统一管理，减少了数据错误和遗漏；完整的数据记录为后续分析和决策提供了可靠的基础。

此外，采购表格能够促进供应商管理的规范化，提高采购决策的科学性，以及提升整个采购部门的工作质量和协同性等。

✤ 知识点2：采购表格应用

采购表格在企业的采购管理中扮演着至关重要的角色，它们被广泛应用于各种采购场景，以提高采购效率和准确性。

1. 采购申请与审批

（1）采购申请表格。员工可以通过填写采购申请表格，提交采购需求和相关信息，如采购物品的名称、规格、数量、预期价格、需求日期等。采购部门可以根据申请表格的内容，快速了解员工的采购需求，并制订相应的采购计划。

（2）采购审批表格。采购申请提交后，需要经过相关部门的审批。审批表格通常包括审批人、审批意见、审批日期等字段。通过审批表格，企业可以确保采购活动符合公司的采购政策和预算要求，避免不必要的浪费和风险。

2. 供应商管理与评估

（1）供应商信息表格。采购部门可以创建供应商信息表格，记录供应商的基本信息，如供应商名称、联系方式、地址、供应产品等。通过供应商信息表格，企业可以更好地了解供应商的情况，为选择优质的供应商提供参考。

（2）供应商绩效评估表格。企业可以对供应商的绩效进行评估，包括交货准时率、产品质量、价格竞争力等方面。通过绩效评估表格，企业可以及时发现供应商的问题和不足，并采取相应的改进措施，提高采购质量。

3. 采购订单与付款管理

（1）采购订单表格。采购部门可以创建采购订单表格，记录采购物品的名称、规格、数量、单价、总价、交货日期等信息。通过采购订单表格，企业可以确保采购活动的准确性和可追溯性，避免采购错误和遗漏。

（2）付款申请表格。当采购物品到货并验收合格后，采购部门可以填写付款申请表格，申请支付供应商款项。付款申请表格通常包括供应商名称、采购订单号、付款金额、付款日期等字段。通过付款申请表格，企业可以确保付款活动的准确性和及时性。

4. 采购数据分析与决策支持

（1）采购数据分析表格。企业可以对采购数据进行分析，包括采购金额、采购数量、采购成本等方面的数据。通过采购数据分析表格，企业可以了解采购活动的整体情况，发现采购中的问题和趋势，为未来的采购决策提供参考。

（2）采购决策支持表格。基于采购数据分析的结果，企业可以制定采购决策支持表格，如供应商选择决策表、采购成本控制决策表等。这些决策支持表格可以帮助企业更加科学、合理地进行采购决策，提高采购效率和效益。

5. 采购表格的数字化与智能化

（1）在线表单工具。随着信息技术的发展，越来越多的企业开始使用在线表单工具来创建和管理采购表格。这些工具具有易用性、灵活性和可扩展性等优点，可以大大提高采购表格创建和管理效率。常见的在线表单工具包括番茄表单等。这些工具支持多种类型的表单创建，如问卷调查、报名表、订单表等，并可以与其他工具集成，实现数据的自动化处理和分析。

（2）定制化采购管理系统。对于一些大型企业或具有特殊采购需求的企业，可以定制化开发采购管理系统来管理采购表格。这些系统通常具有更加丰富的功能和更高的灵活性，可以满足企业的个性化需求。定制化采购管理系统可以支持采购申请、审批、订单管理、付款管理、数据分析等多种功能，并可以与企业的 ERP 系统、SCM 系统等集成，实现数据的无缝对接和共享。

❖ 知识点 3：采购表格类型

不同的采购业务有不同的特点和要求，需要不同的表格来满足具体的业务流程和数据记录需求；各个行业可能有特定的标准和规范，导致采购表格在格式和内容上有所不同。采购涉及众多的产品信息、供应商信息、价格、数量等复杂数据，需要不同的表格来分类和整理这些数据；采购活动可能发生在不同的部门、环节和阶段，每个场景下所需要的表格功能和侧重点也不同。为了实现更精细的管理，需要不同类型的表格来反映不同方面的信息；为了满足不同角度的数据分析需求，需要多种类型的表格来收集和呈现数据。

1. 采购计划表

采购计划表是一份详细列出企业在未来一段时间内预计采购的物资、服务或项目的清单，以及相关的数量、预算、时间安排等信息的文件。采购计划表确保采购活动有计划、有组织地进行，与企业的生产、运营等环节相匹配；通过合理规划采购量和时间，避免不必要的采购支出，优化成本控制；有效分配企业资源，确保采购所需的人力、物力和财力得到合理安排。

采购计划表主要用途包括：指导采购行动，为采购部门提供明确的指引，使采购工作有条不紊地进行；内部沟通，便于与其他部门分享采购需求和计划，协调工作；预算控制依据：作为预算管理的重要参考，确保采购支出在预算范围内。采购计划表如表 7-2 所示。

表 7-2 采购计划表

序号	名称	规格	物资采购厂家	单位	计划数	库存数	采购数	要求到货日期	备注

编制部门：_____ 批准：_____

2. 用料计划表

用料计划表是一份详细列出企业在生产、制造或运营过程中所需要的各种原材料、零部件或物料的名称、规格、数量、需求时间等信息的文件。用料计划表要确保生产的连续性，保证有足够的物料供应，避免因物料短缺导致生产中断；优化库存管理，合理规划物料需求，避免库存积压和浪费；进行成本控制，通过准确计算物料需求，控制采购成本和生产成本。

用料计划表主要用途包括：有助于协调各部门之间的工作，确保生产流程顺畅；为财务部门提供准确的物料成本预算依据，便于进行成本核算和控制；明确物料需求，便于提前采购和储备，确保及时供应；根据用料计划进行库存监控和调整，提高库存周转率。用料计划表在企业物料管理中起着至关重要的作用，它有助于企业实现资源的合理配置、生产的高效运行和成本的有效控制。用料计划表如表 7-3 所示。

表 7-3 用料计划表

编号	名称	规格	三月底库存		四月					五月					六月					七月				
			仓库	验收前	已够未入量	总存量	计划用量	本月底结存	已够未入量	总存量	计划用量	本月底结存	已够未入量	总存量	计划用量	本月底结存	已够未入量	总存量	计划用量	本月底结存

注：（1）安全存量为半个月之计划用量。
（2）七月份之计划请购量，若购运时间为 3 个月，则必须在四月份下订单。

3. 采购数量计划表

采购数量计划表是一份详细记录采购项目、所需数量、预计采购时间等信息的文件。采购数量计划表明确采购需求的具体数量，确保采购的准确性和合理性；合理安排采购资源，避免资源浪费或不足；根据需求数量进行采购预算，有效控制采购成本。

采购数量计划表主要作用：①采购数量计划表通常是采购流程中的重要环节，在需求确定后制定，为后续采购行动提供指导。②确保供应：按照计划采购，保障生产经营的持续进行。③优化库存：避免过多或过少的库存，降低库存成本。④控制预算：依据数量和预算进行采购，防止超支。⑤协调各方：使相关部门了解采购需求，便于协调工作。

通过制定和使用采购数量计划表，企业能够更科学地进行采购管理，提高采购效率和效益，实现企业的经营目标。企业还可以根据具体需求进一步扩展和细化相关内容。采购数量计划表如表7-4所示。

表 7-4　　　　　　　　　　　　　采购数量计划表

编号：　　　　　　　　项目名称：　　　　　　　　序号：

序号	物资名称	规格型号	单位	数量	交付时间

项目负责人：　　　　　　　年　月　日　　　　项目经理：　　　　　　　年　月　日

4. 采购申请单

采购申请单是企业内部向采购部门提出采购需求的正式文件。采购申请单能准确传达所需采购物品或服务的信息，使采购活动有章可循，遵循一定的程序。

采购申请单的主要作用体现在以下方面。①需求发起：是采购活动的起点，记录具体的采购要求。②信息传递：将需求信息传递给采购部门，确保采购的准确性。③预算控制：有助于对照预算进行采购，避免超支。④避免混乱：使采购工作有条不紊，减少随意性。⑤协调各方：相关部门可以通过采购申请单了解需求，协同工作。⑥跟踪和监控：便于对采购过程进行跟踪和管理，及时发现问题。⑦提高效率：确保采购的及时性和准确性，提高企业运营效率。采购申请单是采购管理中的重要工具，它有助于确保企业采购活动的规范、高效和有序进行。采购申请单如表7-5所示。

表 7-5   采购申请单

采购部门		采购日期		交货地点				单据号码		
项次	物料编号	品名	规格	采购数量	库存数量	需求日期	需求数量	单位	技术协议及要求	
会签说明				采购部门			请购部门			
				主管	经办	批准	主管	申请人		

第一联：采购单位（白），第二联：财会部（红），第三联：请购单位（蓝）

5. 采购变更审批表

采购变更审批表是在采购过程中，用于记录和审批采购相关变更事项的表格。采购变更审批表能够对采购过程中出现的变更进行有效管理和控制，保证变更符合企业的规定和流程。

采购变更审批表的作用主要包括以下方面。①适应变化：因各种原因（如需求调整、市场变化等）需要对采购进行变更。②降低风险：通过审批流程，评估变更的影响和风险。③规范化：使采购变更有章可循，遵循一定的审批程序。④风险评估：通过审批环节，对变更的影响进行分析和评估。⑤责任明确：明确相关人员在变更过程中的责任。⑥跟踪和记录：便于对变更过程进行跟踪和记录，为后续管理提供依据。通过使用采购变更审批表，可以提高采购变更管理水平，确保采购活动的顺利进行和企业利益的最大化。采购变更审批表如表 7-6 所示。

表 7-6 　　　　　　　　　　　　　采购变更审批表

编号：　　　　　　　　　　　　　　　　　　　　申请日期：　　年　　月　　日

申请部门			
变更内容概述			
原采购请购单编号		原采购审批表编号	
变更金额		变更采购方式	
部门经理意见			
采购经办人意见			
采购经理意见			
财务经理意见			
主管副总经理意见			
总经理意见			
批复文号		是否通过审批	□是　□否
附件			

制表人：　　　　　　　　　　　　　电话：

6. 采购进度控制表

采购进度控制表是一份详细记录采购项目各个阶段进展情况的表格，它包含采购计划信息、实际执行情况等。

采购进度控制表的主要作用：通过采购进度控制表可实时了解采购过程的进展情况，确保采购按计划进行；通过对比实际进度与计划进度，能够及时发现可能存在的延误或其他问题；为采购团队、相关部门和供应商之间提供一个统一的信息平台，便于协调和沟通；有助于合理安排资源，采取必要措施，保障采购物资按时交付；为管理层提供决策依据，以便对采购项目进行有效管理和调整。采购进度控制表如表 7-7 所示。

表 7-7 　　　　　　　　　　　　采购进度控制表　　　　　　　　年　　月　　日

序号	采购单号	品名	型号/规格	订货量	计划交期	实际交货状况						
						日期	数量	日期	数量	日期	数量	备注

续　表

序号	采购单号	品名	型号/规格	订货量	计划交期	实际交货状况						备注
						日期	数量	日期	数量	日期	数量	

7. 物料订购跟催表

物料订购跟催表是用于记录已订购物料的相关信息，并跟踪其订单状态和进度的表格。

物料订购跟催表的主要作用：通过物料订购跟催表可及时掌握物料订购的执行情况，确保物料按预定时间送达，避免生产中断；对订购过程进行有效监督，确保各环节按要求推进；有助于采购部门与供应商、内部相关部门之间的沟通协调，共同推进物料供应；通过跟踪和跟催，及时发现问题并采取措施解决，提高物料供应的整体效率。物料订购跟催表如表 7-8 所示。

表 7-8　　　　　　　　　　　物料订购跟催表

分类：_____　　　　　　　　　　　　　　　　跟催员：_____

订购日	订购单号	料号（规格）	数量	单价	总价	供应商（编号）	计划进料日	实际进料日		
								1	2	3

8. 采购追踪记录表

采购追踪记录表是对采购活动过程进行跟踪和记录的表格。

采购追踪记录表的主要作用：通过采购追踪记录表能实时了解采购任务的执行情况，确保采购按计划进行；及时发现潜在问题，如延迟交货、质量不符等，以便采取相应措施；记录各个环节的相关人员和时间，明确责任；积累采购过程的数据，便于进行分析和改进；为采购相关方提供信息共享和沟通的依据，促进协作。采购追踪记录表如表 7-9 所示。

表 7-9　　　　　　　　　　　　　　　　采购追踪记录表

编号	请　购　单						报价供应商及价格	订　购　单							验收		
	请购总号	发出日期	收到日期	品名/规格	数量	需要日期		日期	编号	数量	单价	金额	交货日期	供应商	日期	数量	检验情形

备注：

9. 不合格通知单

不合格通知单是用于正式通知相关方某事物不符合规定或要求的文件。

不合格通知单的主要作用：不合格通知单指出不合格的具体情况，使相关方清楚了解问题所在；促使责任方采取措施进行整改，以达到规定标准；作为记录，便于对不合格情况进行追溯和管理；有助于加强对产品或服务质量的管控，减少不合格情况的发生；在相关方之间传递信息，促进问题的解决和协调合作。不合格通知单如表 7-10 所示。

表 7-10　　　　　　　　　　　　　　　不合格通知单

编号：　　　　　　　　　　　　　　　　　　　　填表日期：　　　年　　月　　日

供应商		交验日期	
物料名称		料　　号	
交验数量		检验日期	
抽样数量		检验结果	
不良情形及简图			
处理意见			
经办人	经理	审核	检验

续　表

重检流程 及不良统计						
改善对策						
品管确认		主管		审核		填表

10. 损失索赔通知书

损失索赔通知书是一方将遭受的损失告知另一方，并要求其承担赔偿责任的书面通知。

损失索赔通知书的主要作用：明确向责任方提出索赔要求，维护自身权益；详细说明损失的情况和金额，提供证据支持；引起责任方对损失的重视，促使其采取积极态度解决问题；为双方进行协商和谈判提供基础，推动问题的解决；在必要时可作为法律诉讼的依据。损失索赔通知书如表 7-11 所示。

表 7-11　　　　　　　　　　　　损失索赔通知书

损失索赔通知书
NO：_____ _____公司： 　　本公司于　　年　　月　　日向贵公司采购之下列货品：_____，因贵公司产品 □品质不良　□交期延迟，造成本公司蒙受_____元的损失，附录：□损失计算表_____份；□品 质检验报告_____份；□本公司客户索赔函复印本_____份，连同原采购合约复印本共_____份，望 贵公司给予谅察赔偿，其赔偿金额，敬请贵公司同意。 　　□由其他货款中扣除 　　□以现金支付 　　顺颂 商祺！ 　　　　　　　　　　　　　　　　　　　　　　　_____有限公司 　　　　　　　　　　　　　　　　　　　　　　　　　　采购部 　　　　　　　　　　　　　　　　　　　　　　　年　　月　　日

❖ **知识点 4：采购表格制定**

采购表格制定是指设计和构建用于记录、管理和跟踪采购业务相关信息的格式化文件的过程。制定采购表格的主要作用：能够提高效率，通过规范化的表格，减少信息的重复录入和错误，提高采购工作的效率；便于对采购数据进行整理、分析和存储，为后续的管理和决策提供支持；明确采购过程中各个环节的责任，确保工作的顺利进行；能够跟踪采购事务的进展情况，便于在出现问题时进行追溯和解决。

采购表格制定的具体步骤如下。

1. 表头部分

为每个采购事务分配一个唯一的编号，以便追踪和查询。记录采购活动发生的具体日期，有助于后续的时间管理和历史数据分析。

2. 采购信息部分

清晰准确地描述采购的具体内容，避免歧义。提供物品或服务的详细规格和型号，确保采购的准确性和一致性。明确所需物品或服务的数量，以便供应商准确备货和发货。

3. 供应商信息部分

记录提供货物或服务的供应商全称，便于后续沟通和合作。包括供应商的联系人姓名、电话、邮箱等，确保在需要时能够迅速联系到供应商。

4. 采购需求部门信息

明确采购需求来自哪个部门，有助于内部协调和资源配置。

5. 价格与成本信息

记录物品或服务的单位价格，作为计算总价的基础。根据单价和需求数量计算出采购总金额。预先设定的采购预算，用于与实际采购金额进行对比，控制采购成本。

6. 交货相关信息

明确供应商承诺的交货时间，有助于安排生产和销售计划。明确货物送达的具体位置，确保货物能够准确送达。

7. 质量要求与验收标准

详细列出对物品或服务的质量要求，包括性能、外观、安全性等方面。规定验收的具体条件和方法，确保采购的物品或服务符合质量要求。

8. 数据分析与决策支持部分

展示与以往采购价格的差异，有助于分析价格趋势和谈判策略。记录对供应商的评估信息，包括质量、交货速度、服务等方面，为后续的供应商选择提供参考。说明做出采购决策的关键因素，如成本效益分析、市场需求等。

9. 其他重要信息

记录付款方式、质保期、退货政策等重要信息，以及其他需要特别说明的事项。

10. 表格设计与布局

根据采购流程和信息的重要性，合理安排字段的顺序，使信息逻辑清晰、易于理解。使用简短、准确的标题和标签，避免使用专业术语或缩写，以便非专业人员也能轻松理解。采用清晰的字体、适当的行间距和列宽，避免过于复杂的格式和颜色，使表格易于阅读和填写。

通过以上步骤制定的采购表格，能够准确、全面地收集和记录采购相关信息，便于采

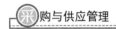

购人员进行数据分析和决策制定，提高采购效率和效果。

任务实施

阅读"任务描述"，回答以下问题。

1. 在绘制采购订单表格时，主要包含哪些内容？

_____

_____

2. 西安市×××有限公司采购订单交货原则是什么？

_____

_____

3. 西安市×××有限公司采购订单中，如何对不良品进行处理？

_____

_____

4. 西安市×××有限公司采购订单付款原则是什么？

_____

_____

5. 各组派 1 名代表上台进行分享。

任务评价

在完成上述任务后，教师组织三方评价，并对学生任务执行情况进行点评。学生完成考核评价表（见表 7-12）的填写。

表 7-12　　　　　　　　　　　　考核评价表

班级		团队名称		学生姓名	
团队成员					

	考评项目	分值	要求	学生自评（30%）	团队互评（30%）	教师评定（40%）
知识能力	采购订单表格中主要包括哪些内容要点描述	20分	描述正确			
	采购表格中交货原则、付款原则要点分析	20分	分析正确			
	采购表格中不良品处理要点分析	30分	分析合理			
职业素养	诚实守信	10分	形象端庄文明用语			
	团队协作	10分	相互协作互帮互助			
	工作态度	10分	严谨认真			
成绩评定		100分				
心得体会						

任务三　采购监管与控制

任务描述

促进全国药品信息系统共建共享实现药品采购、流通和使用全流程监管

采购监管与控制

2018 年 11 月，按照"国家组织、联盟采购、平台操作"的总体思路，国家组织北京、天津、上海、重庆等 11 个城市形成采购联盟，开展国家组织药品集中采购和使用试点。上海市医药集中招标采购事务管理所（下称上海药事所），承担联合采购办公室（下称联采办）日常工作，牵头启动联合采购数据交换平台（下称联采平台）建设工作，2019 年 12 月，联盟地区陆续执行中选结果，联采平台每天收集 26 个联盟地区中选品种采购和使用数据，为试点扩大区域范围的监测工作提供数据支持。

（1）主要做法

一是建立技术标准，保障系统稳定性和可靠性。联采办明确联采平台数据交换内容和时限，设立数据上传标准。联采平台通过药品目录信息表实时下发各联盟地区需要上报数据的目录信息。技术标准的建立保障了联采平台系统运行的稳定性和可靠性。

二是开展前期准备，提升处理智能性和准确性。药品目录整理和统一赋码，收集联盟地区历史采购数据，开发生产企业库存申报系统。前期工作的开展提升了联采平台数据处理的准确性和智能性。

三是采集汇总数据，增强分析实时性和及时性。实时采集汇总采购使用数据，汇总生产企业库存信息。在网络传输基础上，联采平台保证了快速、高效收集数据源以产生实时数据，及时响应数据分析需求，为国家组织药品集中采购和使用监测工作提供了技术支持，保障了数据收集和分析的实时性和及时性。

（2）主要成效

一是增强带量采购执行力，保障政策实施效果。联采平台实现了实时、智能监测联盟地区药品采购使用情况。通过大数据监测，保障了"确保供应、确保使用（采购）、确保质量、控制费用"等工作有条不紊地进行，为国家组织药品集中采购和使用工作的顺利进行提供保障。

二是提升信息资源开放程度，打造共享平台。联采平台的构建打破了以往各省市采购平台"信息孤岛"，从各省市之间局部信息交换、信息共享程度和效率有限向联盟地区平台互联互通、信息资源透明共享转变，为打造具备采集汇总统计分析等功能的应用平台提供了可能，也为完善药品供应保障体系提供了更为科学、更具应用价值的工具和决策依据。

三是实现大数据时代下药品全流程智能监管。联采平台完成了实时数据的采集和追溯数据的存储，实现了多维度药品数据全方位连续、动态监测，为实现医疗大数据智能化监管和应用奠定了基础。依托联采平台的大数据支撑，药品监管重心可向前转移，强化事前的预测预警和事中的运行监控，实现监管的精确化、科学化、数字化和智能化，为药品供应保障、医药产业格局的改善提供了技术支持。

要求：请以项目组为单位，认真阅读案例，完成"任务实施"中的问题。

知识链接

❖ 知识点 1：采购监管与控制的定义

采购监管与控制的起源可以追溯到早期的商业活动。随着贸易的发展和经济的复杂化，对采购行为进行管理和监督的需求逐渐显现。

采购监管与控制的发展历程可以分成三个阶段。

第一阶段，工业革命时期。随着大规模生产的兴起，采购规模扩大，采购监管开始受到重视。

第二阶段，20 世纪。企业管理理论的发展促使人们更加注重采购的效率和效益，采购监管与控制体系逐渐完善。

第三阶段，现代时期。全球化和信息技术的发展，使采购活动更加复杂，采购监管与控制也不断演进和创新。

采购监管与控制是指在企业采购活动中，通过一系列手段和措施，对采购过程的各个环节进行监督、管理和调节，以确保采购行为符合企业战略目标、法律法规要求以及内部规章制度。

采购监管与控制主要目的包括以下几点。

（1）保证合规性。监管与控制的首要任务是确保采购活动严格遵循国家法律法规、企业内部规章制度以及行业道德规范。这有助于预防违法违规行为，保护企业免受法律风险和声誉损害。

（2）优化成本。通过精细的监管和控制措施，企业可以更有效地管理采购成本，包括价格谈判、供应商选择、合同签订等环节。这有助于降低采购总成本，提高资金的使用率，为企业创造更多的经济价值。

（3）保障质量。采购监管与控制应确保所采购的物品或服务符合既定的质量标准，以避免因质量问题导致的生产中断、客户投诉等风险。这有助于维护企业的生产效率和客户满意度。

（4）防范风险。采购过程中存在多种风险，如供应商风险（如供应商破产、供应中断等）、合同风险（如合同条款不明确、违约等）。通过有效的监管和控制，企业可以识别和评估这些风险，并采取相应的措施进行防范和应对。

（5）提升效率。采购流程的顺畅和高效是企业运营的重要支撑。通过优化采购流程、引入自动化工具和技术等手段，监管与控制可以帮助企业减少不必要的延误和浪费，提高采购效率。

（6）促进廉洁。采购监管与控制应致力于防止腐败和不正当行为的发生，如受贿、行贿、串通投标等。这有助于维护企业的廉洁形象，增强员工和社会的信任感。

（7）支持战略实施。采购活动应与企业的战略目标保持一致，为企业的长期发展提供支持。通过监管与控制，企业可以确保采购策略与战略目标相匹配，从而推动企业的持续发展和竞争力提升。

（8）维护供应链稳定。供应链的稳定性和连续性对企业至关重要。通过与供应商建立良好的合作关系并进行有效的监管，企业可以确保供应链的连续性和稳定性，降低因供应链中断而导致的风险和损失。

采购监管与控制的主要目的是多方面的，旨在确保采购活动的合规性、成本效益、质量保障、风险防范、效率提升、廉洁性维护、战略支持以及供应链稳定。这些目标的实现有助于企业提升整体运营效率和竞争力，为企业的长期发展奠定坚实基础。

✦ 知识点 2：采购监管与控制的内容

1. 采购人员控制

采购人员是采购活动的执行者，他们的素质和行为直接关系到采购活动的顺利进行和企业的利益。因此，企业需要对采购人员进行严格的控制和管理，具体包括：①提高采购人员的道德素质和敬业精神，确保他们热爱企业、品性正派、不贪图私利；②加强采购人员的业务素质培训，使他们对物料的特性、生产过程、采购渠道、运输保管、市场交易行情等有深入的了解；③建立奖惩制度，对采购人员的行为进行及时的奖惩，以激励他们更好地完成采购工作。

2. 采购流程控制

采购流程的控制是确保采购活动顺利进行的关键，企业需要抓住采购流程中的关键点进行重点控制。采购流程控制的要点包括：①采购计划的制订，确保采购计划符合企业的实际需求，明确采购的品种、数量、时间等；②采购文件的准备和审批，确保采购文件的内容准确、完整，符合企业的采购政策和规定；③采购合同的签订和执行，确保采购合同的内容合法、合规，双方权益得到保障；同时，对采购合同的执行情况进行跟踪和监督，确保供应商按时、按质、按量交付货物；④采购物资的验收和反馈，对供应商提供的物资进行严格的验收，确保物资符合企业的质量要求；同时，将验收结果及时反馈给供应商，以便供应商进行改进。

3. 采购资金控制

采购资金的控制是企业财务管理的重要组成部分，企业需要建立完善的采购资金控制制度，确保采购资金的安全、合理使用。具体包括：①制定采购预算，根据企业的实际需求和市场情况，制定合理的采购预算，为采购资金的控制提供明确的标准；②建立资金使用制度，对采购资金的使用进行严格的审批和监控，确保采购资金按照预算进行使用；③加强与财务部门的沟通与合作，确保采购部门与财务部门之间的信息畅通，共同做好采购资金的控制工作。

4. 采购信息的收集与使用

采购信息的收集和使用是采购控制过程的重要环节，企业需要建立完善的采购信息管理系统，确保采购信息的准确、及时传递。具体包括：①建立采购信息数据库，将供应商的信息、物品的价格和质量信息等录入数据库，以便采购人员进行查询和比较；②加强与供应商的信息交流，通过与供应商建立长期合作关系，加强双方之间的信息交流，确保采购信息的准确性和及时性；③利用信息化手段提高采购效率。采用电子采购平台等信息化手段，提高采购工作的效率和准确性。

5. 采购绩效考核

采购绩效考核是评估采购工作效果的重要手段，企业需要建立完善的采购绩效考核制度，对采购部门和个人进行定期的考核和评估。具体包括：①制定考核标准和指标，根据企业的实际需求和采购工作的特点，制定合理的考核标准和指标；②采用多种考核方法，采用定量考核和定性考核相结合的方法，对采购部门和个人进行全面的考核和评估；③及时反馈考核结果，将考核结果及时反馈给采购部门和个人，以便他们了解自己的工作表现并进行改进。

采购监管与控制内容涵盖了采购人员、采购流程、采购资金、采购信息和采购绩效等多个方面。企业需要建立完善的采购监管与控制体系，确保采购工作的顺利进行和企业的利益最大化。

✿ 知识点 3：采购监管与控制面临的挑战与应对策略

采购监管与控制面临着多方面的挑战，这些挑战来源于供应链复杂性、成本控制、风险管理等多个维度。为了有效应对这些挑战，企业需要采取一系列策略来加强采购监管与控制。

1. 面临的挑战

（1）供应链复杂性。在全球化的背景下，供应链变得越来越复杂，涉及跨国、跨区域的供应商和物流环节。这种复杂性增加了采购监管的难度，因为企业需要面对不同国家的法律、文化和管理方式。供应链中的延迟和不确定性问题也增加了采购监管的挑战，如物流延误、供应商生产问题等。

（2）成本控制难度。采购成本是企业运营成本的重要组成部分，但成本控制往往受到市场价格波动、供应商定价策略等多种因素的影响。采购员在订购产品时可能只关注价格，而忽略了质量、交货期等要素，这可能导致企业采购成本的增加和利润的下降。

（3）风险管理复杂性。采购过程中存在多种风险，如市场风险、合同风险、质量风险、意外风险等。这些风险可能来自供应商、市场或企业内部。风险管理的复杂性在于如何识别和评估潜在风险，并制定相应的应对措施。

（4）采购流程繁琐。一些企业的采购流程过于繁琐，涉及多个部门和多次审批。这不仅延长了采购周期，还增加了企业的行政成本。繁琐的采购流程还可能影响采购效率和质量，降低企业的竞争力。

2. 应对策略

（1）优化供应链管理。建立全面的供应链网络，寻找不同地区的供应商进行资源配置，以降低供应链风险。对供应商进行定期评估，建立可靠的伙伴关系，了解供应商的生产能力和交货期等情况。通过信息技术手段，建立供应链管理系统，实时监控供应链环节，及时发现和解决问题。

（2）加强成本控制。进行充分的市场调研，了解市场价格波动趋势，合理确定采购时机和数量。建立完善的数据分析体系，对采购过程进行监控和分析，发现问题并及时加以解决。建立合理的成本控制指标，激励采购员提高成本控制意识，有效地降低采购成本。

（3）完善风险管理体系。建立风险识别机制，通过数据分析、市场调研等手段及时发现潜在风险并进行量化评估。制定详细的风险应对措施，如多元化供应商策略、质量控制措施等，以降低风险对企业的影响。加强合同管理和审查，确保合同条款明确、合法，避免合同陷阱和纠纷。

（4）简化采购流程。对采购流程进行重新设计，简化流程、减少审批环节，使之更加透明和高效。采用流程自动化工具，如 ERP 系统，实现采购流程的自动化处理，减少人工干预。加强内部协同，不同部门之间要加强沟通和配合，形成更加高效的工作模式。

（5）加强供应商管理。建立供应商评估体系，对供应商的质量、价格、交货期、服务等进行全面评估。与供应商建立长期合作关系，加强双方之间的信息交流，确保采购信息的准确性和及时性。对供应商进行定期考核和评估，以确保其持续提供高质量产品和服务。

（6）加强团队建设。加强采购团队的建设，提高团队的整体素质和能力。通过培训、学习、经验交流等方式，提高采购团队的专业水平和综合素质。鼓励采购团队积极探索创新的采购模式和策略，提高采购效率和质量。

采购监管与控制面临着多方面的挑战，但通过优化供应链管理、加强成本控制、完善风险管理体系、简化采购流程、加强供应商管理和加强团队建设等策略，企业可以有效地应对这些挑战，提高采购效率和质量，降低采购成本，增强企业的竞争力。

✤ **知识点 4：采购监管与控制的发展趋势**

1. 数字化与智能化

（1）数字化采购管理系统。随着科技的不断发展，数字化采购管理系统已成为当前采购管理的重要趋势。该系统能够实现采购全流程的自动化、规范化和标准化，从而大幅提高采购效率。通过数字化手段，企业可以实时监控采购进度、成本和质量，及时发现并解决问题。

（2）人工智能与机器学习。人工智能和机器学习技术在采购监管与控制中的应用日益广泛。通过数据分析和人工智能技术，企业可以实现采购预测和供应链优化，减少人工干预和决策的时间，降低风险。对话式 AI 的使用也逐渐增加，它使采购人员能够通过"主题词"搜索与计算机程序进行交互，消除枯燥的手动检索需求，节省大量时间。

2. 可持续性与绿色采购

（1）环境因素考虑。随着对可持续发展重要性的认识不断提高，企业采购时越来越多地考虑环境因素。绿色采购已成为企业社会责任感和可持续经济发展的体现。企业需要评估供应链中的环境影响，选择环保材料和可持续生产的供应商，以减少对环境的影响。

（2）供应链透明度。提高供应链的透明度有助于企业更好地了解供应链的各个环节，从而更有效地进行采购监管与控制。通过建立实时监控系统，企业可以实时了解供应商的生产情况、质量控制等信息，确保采购的准确性和及时性。

3. 风险管理与合规性

（1）风险管理优化。企业面临的市场环境日益复杂，风险管理在采购监管与控制中的重要性日益凸显。企业需要建立全面的风险管理体系，包括风险识别、评估、应对和监控等环节，以确保采购活动的顺利进行。

（2）合规性检查。随着法律法规的不断完善，企业采购时需要遵守的合规性要求也越来越多。企业需要建立完善的合规性检查机制，确保采购活动符合相关法律法规的要求，避免合规风险。

4. 供应链协同与多元化

（1）供应链协同。通过加强供应链各环节之间的协同合作，企业可以更有效地进行采购监管与控制。通过与供应商建立长期合作关系，企业可以更好地了解供应商的生产能力和交货期等信息，从而更有效地进行采购计划和安排。

（2）多元化供应商策略。采用多元化供应商策略可以降低供应链风险，提高采购灵活性和稳定性。企业需要积极寻找并评估潜在供应商，建立广泛的供应商网络，以确保采购活动的顺利进行。

5. 数据驱动决策

（1）大数据分析。通过大数据分析技术，企业可以更好地了解市场需求、供应商情

况、采购成本等信息，从而做出更明智的采购决策。大数据分析还可以帮助企业优化采购流程、提高采购效率和质量。

（2）数据可视化。数据可视化技术可以将复杂的采购数据以直观、易懂的方式呈现出来，帮助采购人员更好地了解采购情况、发现问题并制定解决方案。

采购监管与控制的发展趋势主要表现为数字化与智能化、可持续性与绿色采购、风险管理与合规性、供应链协同与多元化以及数据驱动决策等方面。这些趋势将推动采购管理向更高效、更智能、更可持续的方向发展。

任务实施

阅读"任务描述"，回答以下问题。

1. 如何能够有效实现药品采购、流通和使用全流程监管？

_____

_____

2. 实现药品采购、流通和使用全流程监管主要意义是什么？

_____

_____

3. 实现药品采购、流通和使用全流程监管主要做法有哪些？

_____

_____

4. 实现药品采购、流通和使用全流程监管主要成效体现在哪些方面？

_____

_____

5. 各组派 1 名代表上台进行分享。

任务评价

在完成上述任务后，教师组织三方评价，并对学生任务执行情况进行点评。学生完成考核评价表（见表7-13）的填写。

表 7-13　　　　　　　　　　　考核评价表

班级		团队名称			学生姓名	
团队成员						
考评项目		分值	要求	学生自评（30%）	团队互评（30%）	教师评定（40%）
知识能力	实现药品采购、流通和使用全流程监管意义要点分析	20 分	分析正确			
	实现药品采购、流通和使用全流程监管主要做法要点分析	20 分	分析正确			
	实现药品采购、流通和使用全流程监管主要成效要点分析	30 分	分析合理			
职业素养	诚实守信	10 分	形象端庄文明用语			
	团队协作	10 分	相互协作互帮互助			
	工作态度	10 分	严谨认真			
成绩评定		100 分				
心得体会						

任务四 采购合同管理

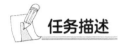

任务描述

采购合同范本

采购方（甲方）：

供货方（乙方）：

根据《中华人民共和国民法典》及有关规定，为明确采购方（甲方）和供货方（乙方）的权利和义务，经甲、乙双方友好协商一致，签订本合同。

采购合同

1. 物料名称、规格、数量、单价、金额

合同数量为暂定量，如果实际供货量与暂定量有差距，则按照实际供货量结算。

2. 生产厂家及商标

3. 供货时间、数量

乙方应当按照以下第_____种方式约定的时间及数量交付本合同标的物。

（1）乙方应按照以下时间及数量向甲方交付本合同标的物。

交付时间：_____，交付数量：_____；

交付时间：_____，交付数量：_____；

交付时间：_____，交付数量：_____。

（2）交付时间及数量由甲方通知，乙方应当在接到通知之日起_____日内交付。

4. 质量标准及验收

乙方所供标的物的质量应达到国家规定的有关标准（国家标准、行业标准或地方标准），具体质量标准为：_____。

甲方应在收到标的物之日起_____日内对所收到的标的物的名称、规格、数量、生产厂家及质量进行检验，如不合格，甲方有权退货，并向乙方提出索赔，乙方还须承担由此给甲方带来的一切损失。

5. 交货地点和方式

乙方应将所有标的物送至甲方指定地点落地交货。

6. 交付费用承担

乙方承担将标的物运到甲方指定地点所涉及的包装费、运费、装卸费及因履行交付义务而产生的一切费用。

7. 合理误差及计算方法

8. 包装要求

包装应能保证标的物质量完好。

9. 结算方式及期限

10. 违约责任

10.1 乙方不能按甲方要求的时间、地点交付标的物的，每迟延一日，按合同总额的____%向甲方支付违约金。逾期超过____日的，甲方有权解除合同，乙方应按合同总额的____%向甲方支付违约金。因此造成的损失超过违约金的，超出部分由乙方赔偿。

10.2 乙方交付的标的物不符合合同约定的质量标准的，甲方有权拒绝接收。乙方应按合同总额的____%向甲方支付违约金。同时甲方有权解除合同或要求乙方在甲方指定的时间内按合同约定的标准继续履行交付义务。因此造成的损失超出违约金的部分，乙方应当赔偿。

10.3 甲方不能按合同约定支付货款，应向乙方支付违约金，违约金额为应付未付货款的 0.02%/天，但违约金总额不超过合同总额的 3%。

11. 合同生效

本合同自双方签字、盖章后生效。

12. 禁止权利转让

任何一方不得将其在本合同项下无论是全部还是部分权利转让给第三方。合同一方将其合同权利转让的，该权利转让无效，对本合同他方不产生法律约束力，并视为该方违约，该方应向本合同他方支付相当于本合同标的额 10%的违约金。

13. 解决纠纷的方式

甲、乙双方因本合同发生争议，应当友好协商；协商不成的，双方同意将本合同引起的或与本合同有关的一切争议提交以下第____种机构解决：

第一种，甲方住所地有管辖权的人民法院；

第二种，北京仲裁委员会。

争议解决条款不因本合同的无效、解除和终止而无效。如就本条款关于管辖和争议解决方式作出修改的，不得附加任何条件并必须单独签订仅就管辖和争议解决方式修改的协议，且其所加盖的印章和签字应与本合同所载的完全一致，方为有效。

凡因与履行本合同有关所签订的其他一切补充协议、签证单据、物权凭证和单据、确认函等法律文件再行约定管辖及争议解决方式的，不得对抗以上条款的约定，如有违背，则该约定一律无效。

14. 其他条款

14.1 乙方保证所交付的标的物不侵犯任何他方的知识产权，乙方保证甲方在使用标的物时不受任何第三方提出侵犯知识产权的起诉。如果任何第三方提出侵权指控，乙方须与第三方交涉并承担可能发生的一切法律责任和费用。

14.2　各方当事人以任何形式对于本合同实质内容（标的、质量、价款、履行期限、履行地点、付款方式、违约责任）的修改、变更，必须采取书面形式，且其所加盖的印章和签字应与本合同所载的一致，方为有效。

对合同实质内容的修改、变更及签订的补充协议，所加盖的印章和签字与本合同所载不一致的，不发生法律效力，对本合同各方当事人没有约束力。

甲方（公章）：＿＿＿＿＿＿＿＿＿　　乙方（公章）：＿＿＿＿＿＿＿＿

法定代表人（签字）：＿＿＿＿＿　　法定代表人（签字）：＿＿＿＿＿

＿＿＿年＿＿月＿＿日　　　　　　＿＿＿年＿＿月＿＿日

要求：请以项目组为单位，认真阅读案例，完成"任务实施"中的问题。

知识链接

✢ 知识点 1：采购合同定义

随着市场经济的发展和企业间竞争的加剧，采购活动变得日益复杂和重要。在采购过程中，为了明确双方的权利和义务，保障交易的顺利进行，采购合同管理应运而生。

采购合同管理是指在采购业务中，对合同的签订、履行、变更、终止等全过程进行组织、协调、监督和控制的活动。

1. 采购合同基本属性

采购合同是买卖合同的一种，具有买卖合同的基本属性，即有偿性、双务性和诺成性。采购合同中的双方分别称为采购方（买方）和供货方（卖方），采购方支付价款以获取货物的所有权，供货方则转移货物的所有权以获取价款。

2. 采购合作法律性质

采购合同是供货方与采购方经过双方谈判协商一致同意而签订的确定供需关系的法律性文件，具有法律约束力。一旦合同成立并生效，双方都必须按照合同的约定履行各自的义务，否则将承担违约责任。

3. 采购合同与其他合同关系

（1）采购合同与购销合同关系。采购合同属于购销合同的一种，购销合同包括供应、采购、预购、购销结合及协作、调剂等多种形式。

（2）采购合同与买卖合同关系。采购合同虽然属于买卖合同的一种，但二者在本质、订立合同方以及概念上存在差异。采购合同更侧重于供需关系的建立，而买卖合同则更侧重于货物的所有权转移和价款的支付。

采购合同是一种具有法律约束力的合同，其定义涵盖了合同的基本属性、内容条款、法律性质以及与其他合同的关系等方面。在签订采购合同时，双方应仔细审查合同条款，确保合同的合法性和有效性。

4. 采购合同管理目标

（1）合同的履行。确保采购合同得到全面、准确的执行，按照约定的时间、质量、数量等要求交付货物或提供服务，保证企业的正常生产经营活动不受影响。

（2）成本控制。通过对合同有效管理，在保证货物质量的前提下，实现采购成本的优化，使企业获得最大的经济效益。包括合理控制采购价格、避免不必要费用支出等。

（3）风险防范。识别和评估合同执行过程中可能出现的各种风险，如供应商违约风险、质量风险、法律风险等，并采取相应的防范措施，将风险降到最低限度，保障企业的利益不受损失。

（4）供应商关系管理。通过合同管理，加强与供应商的沟通与合作，建立长期稳定的合作关系，提高供应商的履约能力和服务质量，实现双方共赢。

（5）质量保证。确保所采购的物资或服务符合规定的质量标准，防止因质量问题导致企业生产经营出现问题，这有助于提升企业产品或服务质量水平。

（6）合规性管理。保证采购合同符合法律法规和企业内部规章制度的要求，避免出现违法违规行为，维护企业的良好形象和声誉。

（7）效率提升。优化合同管理流程，提高合同管理的效率和及时性，使采购活动能够更加顺畅地进行，减少因合同问题导致的延误和损失。

（8）信息管理。建立完善的合同信息管理系统，及时准确地记录和跟踪合同执行情况，为企业决策提供可靠的依据。

✤ **知识点 2：采购合同内容**

采购合同的内容是确保买卖双方权益、明确交易细节的重要部分，通常应包含以下关键条款。

1. 合同双方信息

（1）买方（采购方）信息。包括买方（采购方）全称、地址、联系方式（如电话、邮箱等）、法定代表人或授权代表等。

（2）卖方（供货方）信息。包括卖方（供货方）全称、地址、联系方式、法定代表人或授权代表等。

2. 标的物条款

（1）货物名称。合同中应明确采购货物的具体名称，确保双方对采购的货物有清晰的认识。货物名称应准确无误，避免使用模糊或易产生歧义的词汇。

（2）规格型号。合同中应详细列出货物的规格、型号、尺寸等参数，以便双方对货物的具体规格有准确的理解。规格、型号应符合国家或行业标准，确保货物的通用性和互换性。

（3）数量。合同中应明确采购货物的数量，并具体到单位（如件、吨、米等），以便双方对采购规模有清晰的认识。在某些情况下，合同中可以约定数量的浮动范围或调整机制，以适应市场变化或生产需求。

（4）单价与总价。合同中应明确货物的单价，确保双方对价格有准确的理解。基于数量计算出的总价也应明确列出，以便双方对采购成本有清晰的认识。合同中还可以约定价格调整机制，如原材料价格波动、汇率变动等因素导致的价格调整。

3. 质量与验收标准

（1）质量标准。合同中应详细描述对货物的质量要求，包括材质、性能、安全性等方面。这些要求应符合国家或行业标准，并满足采购方的实际需求。在某些情况下，双方可以通过样品确认货物的质量标准和要求。

（2）验收方法。合同中应约定货物的验收标准，包括外观、性能、安全性等方面的要求。这些标准应与质量标准相一致。合同中应明确验收的时间节点，以便双方合理安排验收计划。验收地点可以是采购方的仓库、生产线或双方约定的其他地点。合同中应约定验收的具体程序，包括验收人员的组成、验收步骤、验收结果的确认等。

（3）不合格品处理。合同中应明确不合格品的处理方式，如退货、换货、降价等。这些处理方式应合理且符合双方利益。合同中可以约定不合格品的处理流程，包括不合格品的识别、隔离、标识、处置等方面的要求。对于不合格品的产生原因和责任划分，合同中应有明确的规定，以便双方在处理不合格品时能够有据可依。

4. 交付条款

（1）交货地点。合同中应明确货物的交付地点，即乙方（供应商）将货物交付给甲方（采购方）的具体地点。这一条款的明确性有助于避免在交付过程中因地点不明确而产生纠纷。在某些情况下，交货地点可能会因实际情况而发生变化。因此，合同中可以约定在特定条件下交货地点的变更方式及程序。

（2）交货时间。合同中应约定具体的交货日期或期限，以确保乙方能够按时交付货物。交货时间的约定可以是具体日期，也可以是合同签署之日起的一定工作日内或周数内完成交货。考虑到可能出现的不可抗力因素或乙方生产问题，合同中可以约定交货期的延期机制。这包括延期的原因、延期期限的商讨及达成一致的方式等。

（3）运输方式。合同中应详细描述货物的运输方式，如公路运输、铁路运输、海运等。这有助于确保双方对运输方式有清晰的认识，并据此安排相应的运输计划和保险。同时，合同中应明确运输过程中的责任划分，包括货物的安全、损坏、丢失等风险的承担方。

（4）运输费用。合同中应明确运输费用的承担方，即是由甲方承担还是乙方承担。这一条款的明确性有助于避免在运输费用支付方面产生纠纷。如果运输费用是由某一方承担，合同中还应约定费用的计算方式及标准，以确保费用的合理性和透明度。

5. 付款条款

（1）预付款。合同中应明确预付款的具体比例，即采购方在收到货物或开始履行合同前需要支付给供应商的资金比例。预付款的支付时间应在合同中明确，以确保供应商能够及时获得必要的资金支持。

（2）尾款支付。合同中应约定尾款的支付比例，即在货物交付并验收合格后，采购方需要支付给供应商的剩余资金比例。尾款的支付时间通常与货物的验收时间相关联，合同中应明确验收合格后支付尾款的具体时间。除了时间和比例，合同中还应约定尾款支付的具体条件，如供应商提供完整的发票、采购方确认货物无质量问题等。

（3）付款方式。合同中应明确货款的支付方式，如银行转账、支票、汇票等。这些支付方式的选择应考虑到双方的便捷性和安全性。如果采用银行转账等电子支付方式，合同中还应明确双方的支付账户信息，以确保资金能够准确、及时地到达对方账户。

6. 违约责任

（1）违约情形。合同中应列举可能构成违约的各种情形，如供应商未按时交付货物、采购方未按时支付货款等。这些情形的列举有助于双方明确各自的责任和义务。

（2）违约责任。合同中应明确违约方应承担的责任，如赔偿损失、支付违约金等。这些责任的设定应合理且符合双方利益。对于赔偿损失的范围，合同中应有明确的规定，包括直接损失和间接损失（如商誉损失、机会成本等）的赔偿标准。

7. 争议解决

（1）争议解决方式。合同中应约定争议解决的首选方式为协商和调解，以寻求双方都能接受的解决方案。如果协商和调解无法解决争议，合同中还应约定仲裁或诉讼的解决方式。这包括选择具体的仲裁机构或法院，并明确仲裁或诉讼的规则和程序。

（2）适用法律。合同中应明确适用的法律，以确保争议解决过程中双方都能遵循相同的法律原则和标准。

（3）管辖法院。合同中可以约定管辖法院，即当争议无法通过协商、调解或仲裁解决时，双方同意将争议提交给某个特定的法院进行审理。

8. 其他条款

（1）保密条款。如果采购合同涉及商业秘密等敏感信息，合同中应约定双方的保密义务，包括保密信息的范围、保密期限以及违反保密义务的责任等。

（2）不可抗力处理办法。合同中应约定因不可抗力（如自然灾害、战争、政府行为等）导致合同无法履行的处理办法，包括合同的暂停、解除或变更等。

（3）合同变更与解除。合同中应约定合同变更和解除的条件和程序，以确保双方能够在必要时对合同进行修改或终止。

（4）生效条款。合同中应明确合同的生效时间和条件，如双方签字盖章后生效、支付

预付款后生效等。这些生效条款的设定有助于确保合同的合法性和有效性。

在签订采购合同时，双方应仔细审查上述条款，确保合同内容完整、准确、合法，并充分反映双方的意愿和利益。此外，根据具体交易情况，可以添加其他必要的条款，如质量保证期、售后服务等。

✤ 知识点 3：采购合同签订

1. 签订采购合同的原则

（1）合同的当事人必须具备法人资格。这里所指的法人，是有一定的组织机构和独立支配财产，能够独立从事商品流通活动或其他经济活动，享有权利和承担义务，依照法定程序成立的企业。

（2）合同必须合法。签订合同必须遵照国家的法律、法令、方针和政策，其内容和手续应符合有关合同管理的具体条例和实施细则的规定。

（3）签订合同必须坚持平等互利、充分协商的原则。

（4）签订合同必须坚持等价、有偿的原则。

（5）当事人应当以自己的名义签订经济合同。委托别人代签，必须要有委托证明。

（6）采购合同应当采用书面形式。

2. 签订采购合同的程序

签订采购合同的程序是指合同当事人对合同的内容进行协商，取得一致意见，并签署书面协议的过程。一般有以下五个步骤。

（1）订约提议。订约提议是指当事人一方向对方提出的订立合同的要求或建议，也称要约。订约提议应提出订立合同所必须具备的主要条款和希望对方答复的期限等，以供对方考虑是否订立合同。提议人在答复期限内不得拒绝承诺，即提议人在答复期限内受自己提议的约束。

（2）接受提议。接受提议是指提议被对方接受，双方对合同的主要内容表示同意，经过双方签署书面契约，合同即可成立，也叫承诺。承诺不能附带任何条件，如果附带其他条件，应认为是拒绝要约，而提出新的要约。新的要约提出后，原要约人变成接受新的要约的人，而原承诺人成了新的要约人。实践中签订合同的双方当事人，就合同的内容反复协商的过程，就是要约—新的要约—再要约一直到承诺的过程。

（3）填写合同文本。填写合同文本一般包括填写合同编号，以及签约双方的名称、地址、联系方式等基本信息；详细描述采购的货物或服务的名称、规格、数量、质量要求等；明确采购价格、付款方式、付款时间等；规定交货期限、交货地点、运输方式等；说明验收的标准、方法、时间等；约定卖方对货物质量的保证责任和期限；明确双方在违约情况下的责任和赔偿方式；选择争议解决的方式，如仲裁或诉讼；关于其他条款，可根据具体情况添加保密条款、不可抗力条款等；在填写完合同文本后，双方仔细审核，如有需要进行修订和调整；合同文本经双方确认无误后，由法定代表人或授权代表签字，并加盖公司公章。

（4）履行签约手续。履行签约手续主要包括以下方面。合同审核：双方对合同内容进行仔细审核，确保条款准确无误。准备签约材料：如合同文本、印章等。确定签约地点：通常选择双方方便的地点进行签约。双方代表到场：买卖双方的代表按照约定时间到达签约地点。签署合同：在合同上签字，并加盖公司公章。交换合同文本：双方互相交换签署好的合同文本。留存备案：将合同进行妥善保管，以备后续查阅和执行。

（5）报请签证机关签证，或报请公证机关公证。有的经济合同，法律规定应获得主管部门的批准或工商行政管理部门的签证。对没有法律规定必须签证的合同，双方可以协商决定是否签证或公证。

✤ 知识点 4：采购合同管理风险及对策

采购合同管理风险涉及多个方面，包括合同诈骗、市场价格波动、原材料质量不达标、采购计划不科学等。为了有效应对这些风险，企业需要采取一系列对策。以下对采购合同管理风险及对策进行分析。

1. 采购合同管理风险

（1）合同诈骗风险。合同诈骗往往具有一定的隐蔽性，诈骗者可能利用虚假的合同文本或条款进行诈骗活动。

（2）市场价格波动风险。供应商可能操纵市场，相互串通哄抬价格，导致采购成本增加。公司对市场行情判断不准确，可能在价格高位时批量采购，而随后市场价格下跌，造成损失。

（3）原材料质量风险。供应商提供的原材料质量不符合要求，可能导致公司产品性能不达标，造成质量损失和声誉损害。

（4）采购计划风险。采购部门或人员制订的计划不科学，导致采购数量、时间等与目标发生较大偏离。

（5）管理风险。合同管理混乱，如合同文本残缺、履行时找不到原件等，可能导致公司难以判别对方是否违约。验收不严，可能导致数量短缺、质量不合格等问题。

（6）人员风险。采购人员可能存在假公济私、收受回扣等行为，损害公司利益。

2. 采购合同管理对策

（1）加强合同审查。在签订采购合同前，由法务部门或专业律师对合同进行审查，确保合同条款清晰、合法、有效。审查供应商资质和信誉，确保其具备履行合同的能力。

（2）完善合同条款。明确标的物的名称、规格、数量、质量、价格、交货时间、交货地点等关键信息。约定违约责任和解决争议的方式，确保在发生纠纷时能够有据可依。

（3）建立供应商评估体系。对供应商提供的货物或服务的质量、价格、交货期等进行全面评估，选择信誉良好、实力雄厚的供应商。定期对供应商进行复审，确保其持续满足公司要求。

（4）加强市场行情监测。密切关注市场价格波动趋势，合理确定采购时机和采购数量。与供应商建立长期合作关系，争取更优惠的价格和更稳定的供应。

（5）完善内部管理制度。建立采购流程标准化制度，明确各环节的操作规范和标准。加强内部监督，设立独立的监督部门或岗位，对采购活动进行全程监督。

（6）提高人员素质。定期对采购人员进行业务知识和法律法规培训，提高其专业素养和风险意识。建立激励机制，对表现优秀的采购人员给予表彰和奖励，提高其工作积极性。

采购合同管理风险涉及多个方面，企业需要采取一系列对策来有效应对这些风险。通过加强合同审查、完善合同条款、建立供应商评估体系、加强市场行情监测、完善内部管理制度、提高人员素质等措施，企业可以降低采购合同管理风险，确保采购活动的顺利进行和企业利益的最大化。

任务实施

阅读"任务描述"，回答以下问题。

1. 对于采购合同的文本格式，应注意什么？

_____

_____

2. 签订采购合同的目的和意义是什么？

_____

_____

3. 采购合同的主要内容包括哪些？

_____

_____

4. 签订采购合同有哪些注意事项？

_____

_____

5. 各组派 1 名代表上台进行分享。

任务评价

在完成上述任务后，教师组织三方评价，并对学生任务执行情况进行点评。学生完成考核评价表（见表7-14）的填写。

表 7-14 考核评价表

班级		团队名称		学生姓名	
团队成员					
	考评项目	分值	要求	学生自评（30%）	团队互评（30%）	教师评定（40%）

	考评项目	分值	要求	学生自评（30%）	团队互评（30%）	教师评定（40%）
知识能力	对采购合同内容要点分析	20分	分析正确			
	对采购合同注意事项要点分析	20分	分析正确			
	对采购合同管理要点分析	30分	分析合理			
职业素养	诚实守信	10分	形象端庄文明用语			
	团队协作	10分	相互协作互帮互助			
	工作态度	10分	严谨认真			
成绩评定		100分				
心得体会						

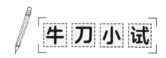

参考答案

一、单项选择题

1. 采购表格是一种用于记录、跟踪和管理采购相关信息的工具，通常以表格形式呈现（　　）。

A. 数据　　　　　　B. 信息　　　　　　C. 技术　　　　　　D. 方式

2. 采购监管与控制的主要目的不包括（　　）。

A. 保证合规性　　　B. 优化成本　　　　C. 保障质量　　　　D. 绩效考核

3. 在签订采购合同前，双方应仔细协商和明确这些条款，以避免后续可能出现的（　　　）。

　　A. 争议和纠纷　　　　　　　　　　B. 讨论和疑问

　　C. 争议和讨论　　　　　　　　　　D. 纠纷和疑问

4. 签订合同的程序是指合同当事人对合同的内容进行协商，取得一致意见，并签署书面（　　　）的过程。

　　A. 合同　　　　　　B. 协议　　　　　　C. 文本　　　　　　D. 条款

5. 接受提议是指提议被对方接受，双方对合同的主要内容表示同意，经过双方签署书面契约，合同即可成立，也叫（　　　）。

　　A. 合同　　　　　　B. 契约　　　　　　C. 承诺　　　　　　D. 条款

二、多项选择题

1. 下列属于明确采购程序目的的是（　　　）。

　　A. 满足企业需求　　　　　　　　　　B. 控制成本

　　C. 确保质量　　　　　　　　　　　　D. 提高效率

2. 采购程序一般流程包括（　　　）。

　　A. 明确采购需求　　　　　　　　　　B. 制订采购计划

　　C. 供应商选择　　　　　　　　　　　D. 采购合同谈判

3. 采购程序参与者主要包括（　　　）。

　　A. 采购方　　　　　　　　　　　　　B. 供应商

　　C. 质量控制人员　　　　　　　　　　D. 财务人员

4. 采购表格发展历程主要包括（　　　）。

　　A. 手工记录阶段　　　　　　　　　　B. 表格化管理阶段

　　C. 信息化阶段　　　　　　　　　　　D. 智能化阶段

5. 采购监管与控制的主要目的包括（　　　）。

　　A. 优化成本　　　　B. 保障质量　　　　C. 提升效率　　　　D. 防范风险

三、判断题

1. 采购评估是对采购活动的全面审查和评价。（　　　）

2. 信息技术在采购程序中能加快信息传递和处理速度，使采购流程更快捷。（　　　）

3. 随着商业活动的逐渐发展和规模化，采购行为变得越来越频繁和复杂。（　　　）

4. 所有的采购业务的表格可以用同一个模板。（　　　）

5. 采购数量计划表是一份详细记录采购项目、所需数量、预计采购时间等信息的文件。（　　　）

四、案例分析题

采购员的"暗箱行为"

采购人员私下里早已有了"心仪"的供应商了，但是为了彰显公平，掩人耳目，在实际采购的过程中还是会像模像样地走流程，通常的做法是"指东打西"。

体现在以下几方面。

质量要求：如采购 302 不锈钢板材，却向供应商询价不锈钢 304 的价格，因后者的质量比前者高，报价自然会高，所以不被选中。

数量要求：供应商一般都会对采购批量的大小有相应的折扣优惠。如采购数量 10000 件，却向供应商询价的数量是 2000 件，报价自然会高，所以不被选中。

结账要求：现货现款，就会有相应的现价——比较低的价格，采购人员询价如果说是压款结算（一般是 30 天），供应商自然会考虑交易风险，价格一般会报高的，所以不被选中。

请分析下列问题：

1. 根据案例，请思考如何避免这种暗箱采购行为？

_____

_____

_____

2. 设计一个合适的供应链环境下的采购流程。

_____

_____

_____

_____

五、技能训练题

绘制采购相关表格步骤。

1. 确定表格内容

采购订单信息：包括订单编号、日期、供应商等。

产品信息：产品名称、规格、数量、单价等。

交货信息：预计交货日期、实际交货日期等。

付款信息：付款方式、已付款、未付款等。

验收信息：验收情况等。

2. 选择合适的工具

Excel：功能强大，操作方便，适合绘制各种复杂表格。

3. 绘制表格

表头：在第一行输入表格的标题，如"采购订单明细表"。

列标题：根据确定的内容，在第二行依次输入各列的标题。

行内容：从第三行开始，逐行输入具体的采购信息。

4. 设置格式

字体：根据需要设置字体、字号等。

边框：添加边框，使表格更清晰。

对齐方式：设置文本的对齐方式，使表格更美观。

颜色：可以为表头或重要信息设置不同的颜色，突出重点。

5. 添加公式和计算

根据需要添加计算公式，如用于计算总价和已付款金额等的公式。

6. 检查与调整

检查表格内容是否准确、完整。

调整表格布局，使其更合理、美观。

通过以上步骤的训练，可以逐步提高绘制采购相关表格的技能。请根据某公司采购实际需求进一步完善和优化采购表格，并完成采购表格的绘制。

项目八
采购谈判管理

◎**知识目标**

● 掌握采购谈判的内容。

● 了解采购谈判的程序。

● 理解采购谈判的规划。

● 掌握采购谈判的准备内容。

● 了解采购谈判的步骤。

※**能力目标**

● 能够对采购谈判内容进行分析。

● 能够进行采购谈判的规划与准备。

● 能够分析采购谈判的步骤。

※**思政目标**

● 培养学生的提前规划意识。

● 培养学生的成本意识和节约精神。

● 培养学生在谈判中的应变能力。

● 培养学生的劳模精神和工匠精神,增强学生劳动意识。

采购谈判管理

采购谈判的内容与程序
- 采购谈判的定义
- 采购谈判的内容
- 采购谈判的程序
- 采购谈判的目的

采购谈判的规划与准备
- 采购谈判方案制定
- 采购谈判的准备
- 采购谈判的规划

采购谈判的步骤与细节
- 采购谈判前的步骤
- 采购谈判中的五个阶段
- 采购谈判后的工作内容
- 采购谈判的关键问题
- 采购谈判评估

 **岗位分析**

岗位1：采购谈判员

岗位职责：与供应商进行洽谈并达成合同、采购物料和设备、与其他部门沟通协调、审核供应商资质、管理采购记录、调查和了解市场。

典型工作任务：根据公司业务需要，与潜在供应商联系，了解市场行情并寻找合适的产品供应商；与供应商进行谈判并制定采购合同，确保采购产品符合公司要求，并且价格合理；关注采购市场的变化和趋势，及时掌握新的采购渠道和产品信息，并做出相应的调整。

职业素质：具备责任意识、成本意识、服务意识、效率意识、成本管理意识、法律意识。

职业能力：需要具备良好的谈判能力，能够与供应商保持良好的合作关系，具有较强的沟通协调能力和执行力。

可持续发展能力：能进行供应商关系管理；能进行采购业务扩展；具备全局协调能力。

岗位2：采购协调员

岗位职责：根据企业的需求和预算，制订合理的采购计划；负责与供应商建立和维护良好的关系；处理采购订单和合同，并确保按照协议的要求和时间表执行；与供应商进行价格谈判，并寻找降低采购成本的机会；管理企业的物资库存，确保库存水平的准确性和可靠性；分析采购数据，提供相关报告和建议；及时解决采购过程中的问题和纠纷，并确保采购活动符合相关法律法规和公司政策。

典型工作任务：进行采购计划管理、供应商管理、采购执行、价格谈判和成本控制、物资管理、数据统计与分析、问题解决与合规管理。

职业素质：具备沟通意识、成本意识、团队意识、创新意识、责任意识等。

职业能力：具备沟通能力、协调能力、处理问题能力。

可持续发展能力：能对采购过程中出现的问题及时处理，能和其他部门进行有效沟通和协作，具备全局规划与协调能力。

 项目导读

党的二十大报告指出："全面建设社会主义现代化国家，最艰巨最繁重的任务仍然在农村。坚持农业农村优先发展，坚持城乡融合发展，畅通城乡要素流动。"

民族要复兴，乡村必振兴。习近平总书记指出："全面实施乡村振兴战略的深度、广度、难度都不亚于脱贫攻坚，必须加强顶层设计，以更有力的举措、汇聚更强大的力量来推进。"《中共中央 国务院关于实现巩固拓展脱贫攻坚成果同乡村振兴有效衔接的意见》明确要求："对支持脱贫地区产业发展效果明显的贷款贴息、政府采购等政策，在调整优化基础上继续实施。"这为进一步运用政府采购政策支持乡村产业振兴提供了保障。2021年4月，财政部、农业农村部、国家乡村振兴局发布了《关于运用政府采购政策支持乡村产业振兴的通知》，对积极组织预算单位采购脱贫地区农副产品等做出规定。我们要充分认识运用政府采购政策支持乡村产业振兴的重要意义，依照顶层设计做好分层对接，确保政策取得实效。

强化引导责任。我国政府采购法、政府采购法实施条例规定，政府采购应当有助于实现国家的经济和社会发展政策目标，其中包括"扶持不发达地区和少数民族地区"。实施政府采购政策，对于调节生产行为和市场运行具有重要导向作用。制定合理的政府采购标准，形成稳定的政府采购需求，有助于促进农村企业和农民尽快提升农业技术含量和农产品质量，优化生态农业、农产品加工业、乡村旅游业等产业布局，进一步激发乡村实现高质量发展的内生动力。例如，对绿色农产品保持采购价格优势，减少采购过度使用农药化肥的农副产品，引导农民发展绿色产业、保护生态环境；对脱贫地区农业企业和农民，按时、足额支付采购资金，帮助其稳定生产、扩大规模，纾解农业生产过程中的融资难、融资贵等问题；完善防返贫保险产品体系，引入保险机制抵御产业风险，为脱贫农民提供动物疫病、病虫害防治服务，激活农民的产业致富信心，为广大农民的劳动成果保驾护航。相关部门要充分认识和运用政府采购政策引导和支持乡村产业振兴的重要意义，以高度的责任感、使命感、紧迫感做好政府采购脱贫地区农副产品工作，确保政策取得实效。

创新方式方法。习近平总书记指出："实施乡村振兴战略，首先要按规律办事。"从打响脱贫攻坚战到全面推进乡村振兴，我国农村产业发展中出现了许多新技术、新业态和新模式，各地运用政府采购政策支持乡村产业振兴的方式方法需要与时俱进、调整优化，更好地让农业成为有奔头的产业、让农民成为体面的职业、让农村成为安居乐业的美丽家园。一是适时调整政府采购政策支持的范围。按照注重实效、切实可行的原则，确定各级预算单位的采购需求，遵循就近、经济的原则，合理选择农副产品的采购地区和采购范围。二是加强政府采购政策统筹协调。充分发挥财政、农业农村、机关事务管理等部门的协调作用，加强政府采购政策之间的协同，加强政府采购政策与乡村振兴战略其他政策的协同，确保相关政策落实落细，形成振兴农业、振兴乡村的强大合力。三是积极运用新技术新平台。搭建农副产品网络销售平台，提供高效便捷的农副产品销售渠道，加强农副产品货源的组织和管理，建立长期稳定的供给体系。四是通过支持产业振兴带动人才振兴。通过政府采购政策引导培育新型职业农民，扶持新型经营主体，支持农民掌握良种培育技术、建立产业基地，降低农民生产成本，提高产业收益。

任务一 采购谈判的内容与程序

 **任务描述**

华为的谈判策略

案例一：华为与英国电信公司（BT）的合作

2005年，华为与英国电信公司（BT）达成合作协议，BT成为华为的合作伙伴。这一合作的达成，得益于华为在谈判中所展现出的技术实力、产品质量和服务能力等方面的优势。华为通过提供详尽的数据来支持自己的观点，并针对BT的需求提出了切实可行的解决方案。此外，任正非在此次谈判中发挥了重要作用，他采取了务实和透明的态度，对BT提出的安全问题进行了全面解释和说明，并提供了华为的安全保障措施。最终，通过任正非在谈判中的努力，华为与BT签署了合作协议，这一合作为华为在英国市场的发展奠定了基础，也提升了华为在全球市场的声誉。

案例二：华为参与"铁通一号工程"项目

在铁通公司进行电信本地网建设的过程中，华为参与了其"铁通一号工程"项目。由于电信行业的特点，对设备供应商来说，这不仅仅是一个销售项目，更直接影响到其未来市场战略格局的划分。华为在此项目中与另外两个厂家进行了竞争。为了赢得这个项目，华为充分利用了自己的技术优势和市场份额，展示了自己在合作中的不可或缺性。最终，华为成功赢得了这个项目，进一步巩固了其在电信设备市场的地位。

这两个案例都展示了华为在谈判中的策略和技巧，包括充分展示自己的优势和价值、提供详尽的数据支持、针对对方需求提出切实可行的解决方案等。同时，华为注重与合作伙伴建立长期稳定的合作关系，以实现共同发展。

要求：请以项目组为单位，认真阅读案例，完成"任务实施"中的问题。

知识链接

❖ 知识点1：采购谈判的定义

采购谈判是指企业为采购商品作为买方，与卖方厂商对购销业务有关事项，如商品的品种、规格、技术标准、质量保证、订购数量、包装要求、售后服务、价格、交货日期与地点、运输方式、付款条件等进行反复磋商，谋求达成协议，建立双方都满意的购销关系。采购谈判的程序可分为计划和准备阶段、开局阶段、正式洽谈阶段和成交阶段。

❖ 知识点2：采购谈判的内容

在采购谈判中，谈判双方主要就以下几项交易条件进行磋商。

（1）商品的品质条件。商品的品质、价格、数量和包装等条件是谈判双方磋商的主要交易条件，只有明确了商品的品质条件，谈判双方才有谈判的基础。也就是说谈判双方首先应当明确双方希望交易的是什么商品。在规定商品品质时，可以用规格、等级、标准、产地、型号和商标、产品说明书和图样等方式来表达，也可以用一方向另一方提供商品实样的方式表明己方对交易商品的品质要求。

（2）商品的价格条件。在项目采购过程中，谈判双方焦点主要就价格的高低进行磋商。而在国际货物买卖中，商品价格的表示方式除了要明确货币种类、计价单位，还应明确以何种贸易术语成交。

（3）商品的数量条件。在磋商商品的数量条件时，谈判双方应明确计量单位和成交数量，在必要时订立数量的机动幅度条款。

（4）商品的包装条件。在货物买卖中，大部分货物都需要包装。因此，谈判双方有必要就包装方式、包装材料、包装费用等问题进行洽谈。

（5）商品的交货条件。交货条件是指谈判双方就商品的运输方式、交货时间和地点等进行磋商的结果。

（6）货物保险条件。货运保险条件的确定需要买卖双方明确由谁向保险公司投保，投保何种险别，保险金额如何确定，以及依据何种保险条款办理保险等。

（7）货款的支付条件。货款的支付问题主要涉及支付货币和支付方式的选择。不同的支付方式会使买卖双方面临不同程度的风险，在进行谈判时，要根据情况慎重选择支付方式。

（8）检验、索赔、不可抗力和仲裁条件。检验、索赔、不可抗力和仲裁条件的确立，有利于买卖双方预防和解决争议，保证合同的顺利履行，维护交易双方的权利。检验、索赔、不可抗力和仲裁条件是采购谈判中必然要商议的交易条件。

✤ 知识点 3：采购谈判的程序

采购谈判是商业环境中常见的活动，主要用于与供应商达成采购协议。下面将详细介绍采购谈判的五个主要阶段：准备阶段、开局阶段、报价磋商阶段、成交阶段和后续处理阶段。

（1）准备阶段。在准备阶段，谈判团队需要进行一系列工作以确保谈判的成功。首先，要明确谈判的目标和底线，包括所需产品或服务的数量、质量、价格、交付时间等关键要素。其次，对供应商进行调研，了解其信誉、产品质量、价格水平等方面的信息。此外，需要制定谈判策略和技巧，以应对可能出现的各种情况。

（2）开局阶段。开局阶段主要是建立与供应商的初步联系和信任。谈判团队应主动介绍自己的身份、背景和谈判目的，同时表达对供应商的尊重和期待。在这个阶段，双方应就谈判议程达成一致，明确谈判的具体内容和时间安排。

（3）报价磋商阶段。报价磋商阶段是谈判的核心部分，涉及价格、质量、交货期等关键条款的讨论。谈判团队要根据市场情况和供应商报价，灵活运用各种谈判技巧，争取获得最有利的条件。同时，要密切关注供应商的反应和需求，以便及时调整策略。

（4）成交阶段。当双方就各项条款达成一致时，进入成交阶段。在这个阶段，谈判团队应确保所有条款都准确无误地写入合同，并明确双方的权利和义务。同时，要对合同进行审查，确保没有遗漏或模糊的条款。最后，双方代表应签署合同，正式确认谈判成果。

（5）后续处理阶段。后续处理阶段主要是对谈判成果进行跟进和管理。谈判团队要确保供应商按照合同要求履行义务，包括按时交货、保证产品质量等。同时，要对供应商的表现进行评估，以便在今后的谈判中更好地掌握主动权。此外，应对谈判过程中的经验和教训进行总结，以提高谈判团队的综合素质和能力。

总之，采购谈判是一个复杂而重要的过程，需要谈判团队在准备、开局、报价磋商、成交和后续处理等阶段都做好充分的准备。只有这样，才能确保谈判的成功，为企业创造更大的价值。

❖ 知识点 4：采购谈判的目的

采购谈判的目的如下。

（1）争取降低采购成本。通过采购谈判，项目采购部门可以以比较低的价格获取供应商的产品，降低购买费用；可以以较低的进货费用获得供应商送货，降低采购进货的费用；这样就可以降低采购成本。

（2）争取保证产品质量。在进行项目采购谈判时，产品质量是一个重要的内容，通过谈判可以让供应商对产品提供质量保证，使购买方能够获得质量可靠的产品。

（3）争取采购物资及时送货。通过谈判，可以促使供应商保证交货期、按时送货、及时满足采购方物资需要。并且，因此可以降低采购方的库存量，提高其经济效益。

（4）争取获得比较优惠的服务项目。伴随产品购买，有一系列的服务内容，例如，准时交货，提供送货服务，提供技术咨询服务，提供售后安装、调试服务，提供使用指导、运行维护以及售后保障服务等。这些服务项目，供应商都需要花费成本，供应商希望所花费的成本越少越好，而项目采购部门希望服务项目越多越好，这就需要谈判。

（5）争取降低采购风险。采购进货过程风险大，途中可能发生事故，造成货损、货差甚至人身、车辆、货物的重大损失，通过谈判可以让供应商分担风险、承担部分风险损失。这样，采购方就可以减少甚至避免采购风险，减少或者消除风险损失。

（6）妥善处理纠纷，维护双方的效益和正常关系，为以后的继续合作创造条件。

总之，通过谈判，可以争取降低采购成本和采购风险、及时满足企业物资需要、保证物资质量、获取优惠服务、降低库存水平、提高采购的效益。如果能够谈判成功，则对企业是非常有利的。

任务实施

阅读"任务描述",回答以下问题。

1. 在华为与英国电信公司（BT）的合作中，谈判的重要性体现在哪些方面？

_____

_____

_____

_____

2. 华为是如何赢得"铁通一号工程"项目的？

_____

_____

_____

_____

3. 华为的采购谈判案例给我们带来什么启示？

_____

_____

_____

_____

_____

4. 各组派 1 名代表上台进行分享。

任务评价

在完成上述任务后，教师组织三方评价，并对学生任务执行情况进行点评。学生完成考核评价表（见表 8-1）的填写。

表 8-1　　　　　　　　　　　　考核评价表

班级		团队名称		学生姓名	
团队成员					

	考评项目	分值	要求	学生自评（30%）	团队互评（30%）	教师评定（40%）
知识能力	对采购谈判含义分析	20 分	分析正确			
	对采购谈判内容分析	20 分	分析正确			
	对采购谈判程序分析	30 分	分析合理			
职业素养	文明礼仪	10 分	形象端庄文明用语			
	团队协作	10 分	相互协作互帮互助			
	工作态度	10 分	严谨认真			
成绩评定		100 分				
心得体会						

任务二 采购谈判的规划与准备

任务描述

比亚迪的采购谈判

一、谈判背景与目标

比亚迪，作为全球领先的新能源汽车生产商，面临着日益激烈的市场竞争和技术革新的挑战。为了维持其市场领先地位，比亚迪需要确保高质量的原材料供应，并控制成本。在此背景下，比亚迪与一家重要的电池原材料供应商展开了一场采购谈判。谈判的主要目标包括确保原材料的稳定供应、优化成本结构、建立长期合作关系，并共同应对市场变化。

二、供应商选择与评估

在选择谈判对象时，比亚迪进行了全面的市场调研和供应商评估。评估标准包括供应商的技术实力、生产能力、质量控制能力、交货能力及信誉等。通过对比分析，比亚迪最终选择了一家在行业内具有良好声誉和稳定供货能力的供应商作为谈判对象。

三、谈判策略与技巧

在谈判前，比亚迪进行了充分的准备，制定了详细的谈判策略和技巧，包括了解市场行情、设定合理的价格底线、准备多套方案应对供应商的不同反应、利用数据分析来支持谈判等。在谈判过程中，比亚迪注重与供应商的沟通和交流，倾听对方的诉求，并通过灵活的策略调整来达成共赢。

四、价格与成本控制

价格是采购谈判的核心要素之一。比亚迪在谈判中充分运用了市场调查和成本分析的结果，与供应商就价格进行了多轮磋商。通过有效的谈判技巧，比亚迪成功降低了采购成本，同时确保了原材料的质量和稳定供应。

五、合同条款与细节

在谈判过程中，比亚迪对合同条款进行了细致的审查和讨论。重点关注交货期、付款方式、质量保障、违约责任等关键条款。同时，比亚迪注重与供应商的后续合作细节，如技术支持、售后服务等，以确保双方合作的顺利进行。

六、风险管理与应对

比亚迪在谈判中充分考虑了可能出现的风险和挑战，并制定了相应的应对策略。例如，对于供应商可能出现的交货延误、质量问题等风险，比亚迪与供应商商定了严格的违约责任和处罚措施；对于市场变化和技术进步带来的不确定性，比亚迪与供应商建立了灵活的合作机制，以适应市场的快速发展。

七、谈判结果与评估

经过多轮磋商和讨论，比亚迪与供应商最终达成了采购协议。协议内容既满足了比亚迪对原材料质量和稳定供应的需求，又实现了成本优化和风险控制的目标。比亚迪对谈判结果进行了全面评估，认为此次谈判达到了预期目标，为公司的长期发展奠定了坚实基础。

八、经验总结与启示

此次采购谈判的成功经验为比亚迪未来的采购工作提供了宝贵的启示。首先，充分的市场调研和供应商评估是谈判成功的基础；其次，灵活多样的谈判策略和技巧是取得优势的关键；最后，精细化的合同条款和风险管理措施是保障合作顺利进行的必要条件。比亚迪将继续总结和运用这些经验，不断提高采购谈判的效率和效果，为公司的持续发展和市场竞争提供有力支持。

要求：请以项目组为单位，认真阅读案例，完成"任务实施"中的问题。

 **知识链接**

❖ **知识点 1：采购谈判方案制定**

采购谈判方案是指在谈判开始前对谈判目标和采购议程等所做的安排。

（1）谈判目标的选择

采购谈判目标有达到目标、中等目标和最高目标三个层次。对于项目采购来说，谈判是为获得物料，所以，谈判首先就以为满足企业对物料的需求数量、质量和规格等作为追求的目标。其次，项目采购谈判以价格水平、经济效益水平等作为谈判的中等目标；最后，采购谈判应考虑供应商的售后服务情况，例如，供应商的送货、安装、质量保证、技术服务活动等，这是项目采购谈判追求的最高目标。

（2）采购议程的安排

①确定谈判主题。一般说来，凡是与本次谈判有关的、需要双方讨论的事项都可作为谈判的议题，可把它们罗列出来，然后根据实际情况，确定应重点解决的问题。其中比较重要的议题是采购品的品质、数量、价格和运输等，这些议题应重点讨论。

②谈判时间的安排。谈判时间的安排主要是指本次谈判安排在何时、多长时间，如是系列谈判，还应确定分几个阶段进行。项目采购部门在选择谈判时间时应考虑以下几方面的因素：准备的充分程度；要考虑供应商的情况，不要把谈判安排在对供应商明显不利的时间进行；避免在身体不适、情绪不佳时进行谈判。

③谈判备选方案的确定。任何谈判都不是一帆风顺的，为预防在谈判过程中可能出现的意外，在接到一个谈判任务后应对整个谈判过程做出正确判断，并制定切实可行的备选方案。项目采购部门在谈判过程中应注意观察对手，分析判断可能出现的谈判形式并结合

谈判进程进行调整，不断完善备选方案。

✣ **知识点2：采购谈判的准备**

1. 谈判前的准备阶段

在谈判开始前，一般从以下几个方面做好准备工作。

（1）对采购项目进行综合分析

集中采购机构接到采购单位委托的采购项目后，应根据政府采购计划或采购单位提出的采购需求（或采购方案），从资金、技术、生产、市场等几个方面对采购项目进行全方位综合分析，为确定科学的采购清单提供保证。必要时可邀请有关方面的政府采购咨询专家或技术人员对采购项目进行论证、分析，同时可以组织有关人员对采购项目的实施现场进行考察，或者对生产、销售市场进行广泛的调查，以提高综合分析的准确性和完整性。

①预算分析：主要分析采购项目资金来源及落实情况，如在采购资金中预算内资金、预算外资金、其他资金所占的比例，预算内资金是否有预算批复文件，预算外资金及其他资金是否已落实到位等。凡采购资金不落实的一律不予采购。

②需求分析：会同有关专家对采购项目的技术要求、供货期等采购要求进行论证、分析，通过分析准确掌握采购单位的采购需求。

③生产分析：主要是通过各种渠道调查、掌握所需货物的生产企业情况或提供服务的供应商情况等，如掌握生产企业或供应商的数量、规模、经营、分布情况等。

④市场分析：主要是分析所需货物或服务的市场价格、供求关系等，通过分析应明确当前市场是卖方市场还是买方市场，以便为制定相应的谈判策略提供依据。

⑤风险分析：主要是通过对采购项目预算、需求、生产及市场等因素的分析，进一步分析采购风险，为预防风险的发生制定相应的措施。

⑥成本分析：主要是根据采购项目的特点和技术要求，对采购过程的各种因素进行分析，预测采购费用，以便使采购成本得到合理控制。

（2）确定采购清单

通过进行项目分析会同采购单位及有关专家确定采购清单及有关技术要求。对有些较大的项目在确定采购清单时有必要对项目进行分包。

对采购项目进行分包时，应注意掌握以下分包原则。

①根据采购对象的品目分包，同一品目归为一包。

②根据采购对象的数量分包，对同一品目的采购对象，如数量较大，为扩大中标面可划分为若干个包。

③根据经销企业分包，只有专门公司才经营的采购对象不要同其他采购对象放在同一个包。

④根据企业生产能力分包，同一品目的采购对象采购数量较大的，如果企业的生产能力有限，可以划分为若干个包。

（3）编制竞争性谈判采购邀请函

根据项目分析情况和采购项目清单编制竞争性谈判采购邀请函。竞争性谈判采购邀请函主要是为邀请供应商方便，其格式和内容将构成谈判文件的组成部分。邀请函由正文和附件两部分组成，主要内容应包括：项目简介和采购设备清单及技术要求；对谈判方的资质要求；获取谈判文件和递交报价文件及参加谈判的时间、地点、方式；主要商务条款；确定成交的一般性原则；其他需要说明的事项；联系地址、联系方式、联系人等。

（4）制作竞争性谈判文件

谈判文件是供谈判方制作报价文件和谈判方案、参加谈判以及谈判小组成员在谈判过程中使用的有关材料。竞争性谈判文件主要包括以下 5 个部分。

①谈判采购邀请函：一般与用于邀请供应商的邀请函格式相同。

②采购项目要求及采购项目清单。

③谈判方须知。

④商务条款或合同格式。

⑤报价文件及谈判方案制作格式。

2. 谈判阶段

（1）谈判

谈判小组所有成员集中与单一供应商分别进行谈判。在谈判中，谈判的任何一方不得透露与谈判有关的其他供应商的技术资料、价格和其他信息。谈判文件有实质性变动的，谈判小组应当以书面形式通知所有参加谈判的供应商。

（2）确定成交供应商

谈判结束后，谈判小组应当要求所有参加谈判的供应商在规定时间内进行最后报价，采购人从谈判小组提出的成交候选人中，根据符合采购需求、质量和服务相等且报价最低的原则确定成交供应商，并将结果通知所有参加谈判的未成交的供应商。

❖ 知识点 3：采购谈判的规划

采购谈判规划是确保采购谈判顺利进行并达成有利协议的重要步骤。采购谈判规划可以从以下几个方面进行。

①明确谈判目标。清晰界定采购目标，包括物品或服务的种类、数量、质量、价格、交货期等。设定谈判的底线和期望目标，明确哪些是可妥协的，哪些是不可妥协的。

②收集信息。深入了解市场和行业动态，包括供应商的价格、质量、交货能力、售后服务等。评估供应商的信誉和财务状况，确保合作的稳定性和可靠性。了解竞争对手的采购策略和市场价格，以便在谈判中更有针对性地提出要求。

③制定谈判策略。根据谈判目标和收集的信息，制定具体的谈判策略。考虑采用何种开局策略，如营造低调谈判气氛或采取进攻式策略。在中期阶段，可以使用红脸白脸策略、层层推进策略、把握让步原则等技巧来争取利益。

④确定谈判团队成员。选择具有专业知识和谈判经验的团队成员。分配团队成员的角色和任务，确保他们在谈判中能够充分发挥各自的优势。

⑤准备谈判资料。准备详细的采购规格说明书、合同条款、价格清单等谈判资料。准备支持资料，如市场调研报告、供应商评估报告等，以便在谈判中提供有力支持。

⑥安排谈判时间和地点。选择合适的谈判时间和地点，确保双方都能充分准备并集中精力进行谈判。如有必要，可提前与供应商沟通并确定谈判日程。

⑦制定备选方案。准备多个备选方案，以应对谈判中可能出现的各种情况。在谈判过程中，根据对方的反应和实际情况灵活调整策略和方案。

⑧评估风险并制定应对策略。评估谈判过程中可能出现的风险，如供应商拒绝让步、谈判破裂等。针对这些风险制定应对策略，确保在出现不利情况时能够迅速做出反应并减少损失。

⑨建立信任和沟通机制。在谈判前与供应商建立良好的沟通和信任关系，确保双方能够坦诚交流并共同解决问题。在谈判过程中保持冷静和理智，避免情绪化决策和冲突升级。

⑩总结和反馈。在谈判结束后及时总结和反馈谈判过程和结果，评估谈判效果并总结经验教训。根据谈判结果调整采购计划和策略，为未来的采购活动提供参考和借鉴。

任务实施

阅读"任务描述"，回答以下问题。

1. 比亚迪是如何进行采购谈判的？

_____

_____

2. 比亚迪在采购谈判中运用了哪些技巧？

_____

_____

3. 比亚迪的采购谈判案例给我们带来什么启示？

_____

_____

4. 各组派 1 名代表上台进行分享。

任务评价

在完成上述任务后，教师组织三方评价，并对学生任务执行情况进行点评。学生完成考核评价表（见表8-2）的填写。

表 8-2　考核评价表

班级			团队名称			学生姓名	
团队成员							
	考评项目	分值	要求	学生自评（30%）	团队互评（30%）	教师评定（40%）	
知识能力	对采购谈判程序分析	20分	分析正确				
	对采购谈判准备内容分析	20分	分析正确				
	对采购谈判目标分析	30分	分析合理				
职业素养	文明礼仪	10分	形象端庄文明用语				
	团队协作	10分	相互协作互帮互助				
	工作态度	10分	严谨认真				
成绩评定		100分					
心得体会							

任务三　采购谈判的步骤与细节

任务描述

中石油的采购谈判

一、采购项目背景

随着全球能源需求的不断增长和中国经济的快速发展，中国石油天然气集团有限公司（以下简称"中石油"）作为国内最大的石油和天然气生产商之一，面临着巨大的市场压力。为了确保供应稳定并降低采购成本，中石油决定进行一场重要的采购谈判，目标是与一家国际知名石油公司达成长期供应协议。

二、谈判双方介绍

谈判的双方分别是中石油和某国际石油公司。中石油作为国内领先的石油企业，拥有庞大的市场份额和丰富的行业经验。而某国际石油公司则以其先进的技术、优质的产品和稳定的供应能力著称。

三、谈判方式与策略

中石油在谈判前进行了充分的准备，分析了市场行情和竞争对手的情况，并制定了相应的谈判策略和底线。在谈判过程中，中石油采用了多种谈判方式，包括直接谈判、间接谈判和组合谈判等，以寻求最有利的合作方案。

四、谈判日期与地点

谈判的日期经过双方多次协商后确定，地点选在了某国际石油公司总部所在地的会议室。这样的选择既体现了中石油对对方的尊重，也便于某国际石油公司的高管和相关人员参与谈判。

五、谈判过程与细节

在谈判过程中，双方就供应量、价格、付款方式、交货期等核心问题进行了深入细致的讨论。中石油凭借其丰富的行业经验和谈判技巧，成功引导了谈判节奏，并在关键问题上取得了突破。同时，国际石油公司展示了其专业性和灵活性，为达成合作做出了积极努力。

六、谈判结果与影响

经过多轮磋商和妥协，双方最终达成了一份长期供应协议。该协议确保了中石油稳定的原材料供应，并有效降低了采购成本。同时，有助于某国际石油公司进一步拓展中国市场，实现互利共赢。这一谈判结果对中石油的供应链管理和成本控制产生了积极的影响，提升了公司的整体竞争力。

七、经验教训与启示

通过本次采购谈判，中石油获得了宝贵的经验教训。首先，充分的准备和明确的谈判策略对于谈判成功至关重要。其次，灵活运用多种谈判方式和策略可以有效地推动谈判进程并取得有利结果。最后，保持与供应商的良好沟通和合作关系是确保供应链稳定的关键。

要求：请以项目组为单位，认真阅读案例，完成"任务实施"中的问题。

知识链接

✤ 知识点 1：采购谈判前的步骤

采购谈判前计划的制订包括以下步骤。

（1）确立谈判的具体目标。

（2）分析各方的优势和劣势。

（3）收集相关信息。

（4）认识对方的需要。

（5）识别实际问题和实际情况。

（6）为每一个问题设定一个成交位置。

（7）制定谈判策略。

（8）向其他人员简要介绍谈判内容。

（9）谈判预演。

✤ 知识点 2：采购谈判中的五个阶段

采购谈判过程中一般分为五个阶段。

（1）双方互做介绍，商议谈判议程和程序规则。

（2）探讨谈判所涉及的范围，即探讨双方希望在谈判中解决的事宜。

（3）要谈判成功，双方需要有可达成一致意见的共同目标。

（4）在可能的情况下，双方需要确定并解决阻碍谈判达成共同目标的分歧。

（5）达成协议，谈判结束。

✤ 知识点 3：采购谈判后的工作内容

采购谈判后的工作内容包括以下方面。

（1）起草一份声明，尽可能清楚地详述双方已经达成一致的内容，并将其呈送到谈判各方以便提出自己的意见并签名。

（2）将达成的协议提交给双方各自的委托人，也就是双方就哪些事项达成协议，从该协议中可以获益什么。

（3）执行协议。

（4）设定专门程序监察协议履行情况，并处理可能会出现的任何问题。

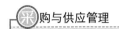

（5）在谈判结束后和对方举行一场宴会是必不可少的，在激烈交锋后，这种方式可以消除谈判过程中的紧张气氛，有利于维持双方的关系。

✤ **知识点 4：采购谈判的关键问题**

1. 谈判方案确定

（1）明确谈判策略

整合性谈判策略和分配性谈判策略是谈判的两种基本策略。

整合性谈判策略是指谈判双方通过合作的方法来寻求达成协议及整合各种不同的问题，这种谈判目标立场旨在建立或者是期望建立长期的合作关系。

分配性谈判策略是指通过分配（竞争）的方法来达成协议，对于一份固定利益双方应分得多少进行协商，双方都追求利益最大化，一方以牺牲另一方利益为代价而获得自身的利益，被称为输赢情境或"零和"情境，这种谈判立场目标模糊或不打算建立长期合作关系。

（2）确定谈判议题

确定谈判议题是谈判过程中的一个关键环节，它直接影响到谈判的效率和最终结果。在准备谈判时，双方需要共同确定将要讨论的议题，这些议题通常涵盖了谈判的核心内容，包括但不限于价格、交货时间、质量标准、支付条款、售后服务等。为了确保谈判的顺利进行，议题的确定应当基于对双方需求和期望的深入理解。谈判双方应该先明确各自的底线和最高目标，这有助于在谈判中保持清晰的方向。接着，双方可以列出所有可能的议题，然后通过讨论和协商，确定哪些议题是必须讨论的，哪些可以暂时搁置或排除。在确定议题的过程中，还应当考虑到议题的可行性和实际操作性，确保所讨论的议题能够在实际中得到执行。此外，议题的确定应当具有一定的灵活性，以便在谈判过程中根据实际情况进行调整。通过精心准备和合理确定谈判议题，可以大大提高谈判的成功率，为双方达成满意的协议奠定坚实的基础。

（3）确定谈判议程

谈判的议程安排要依据己方的具体情况，在程序安排上能扬长避短；议程的安排和布局要为自己出其不意地运用谈判策略埋下契机；谈判议程内容要能够体现己方谈判的总体方案；在议程的安排上，不要过分伤害对方的自尊，损害对方的利益，以免导致谈判过早破裂；不要将己方的谈判目标，特别是最终谈判目标通过议程和盘托出，使己方处于不利地位。

（4）确定谈判地点

谈判地点通常有三个：一是在己方公司所在地谈判；二是在对方公司所在地谈判；三是在谈判双方之外的国家或地区谈判。

（5）制定谈判方案

谈判方案通常包括谈判目标、谈判议程、谈判策略、谈判预算等。

2. 谈判目标及范围

（1）谈判目标

①最低目标。最低目标是谈判中对己方而言毫无退让余地，必须达到的最基本的目标，是谈判人员必须坚守的最后一道防线。

②理想目标。理想目标是谈判者希望通过谈判达成的上限目标，也是己方想要获得的最高利益。

③可接受目标。可接受目标是指谈判能满足己方部分需求，实现部分经济利益，在目标体系中的上限与下限的区间内，可伸缩变动的弹性目标。可接受目标是谈判中可努力争取或做出让步的范围。

（2）谈判目标范围

谈判目标范围是指谈判者能接受的最佳情况和最差情况的界限。

最差的情况通常指达到的底线，也称拒绝点。谈判双方都需要对自己的谈判变量进行排序，双方也应使用高低两种变量来确定议价问题，在谈判中需要把握的重点是设法确立对方变量的拒绝点。

❖ 知识点 5：采购谈判评估

采购谈判评估指的是根据规定的目的和目标评估谈判是否成功，评估谈判的所有阶段。在实践中，人们往往在谈判后意识到，如果他们采取了不同的策略，可能会取得更好的谈判结果。如果能够预先了解，加以运用，就能更多地考虑如何改善未来的谈判准备工作和谈判计划进程。

（1）评估的内容

①获得的结果/目标。②为达到目标所采用的程序和方法。③个人和团队沟通的有效性。

（2）改善未来的谈判准备工作和谈判计划进程

①确定需要解决的主要问题。②明确所有主要问题，以及它们之间的相互关系。③了解对方问题的潜在利益。④确定问题范围，包括拒绝点和协议最佳备选方案。⑤加强内部沟通，包括上司或组织内部相关人员。⑥分析对方的目标、问题、利益、战略、局限、选择、开放度和权力。⑦熟悉谈判过程的具体操作技巧，即如何开局，如何表达主要观点，如何打破僵局等。

任务实施

阅读"任务描述"，回答以下问题。

1. 中石油在此次谈判中做了哪些准备？

---

2. 中石油是如何赢得此次采购谈判的？

_____

_____

3. 中石油的采购谈判案例对我们今后的工作有哪些帮助？

_____

_____

4. 各组派 1 名代表上台进行分享。

任务评价

在完成上述任务后，教师组织三方评价，并对学生任务执行情况进行点评。学生完成考核评价表（表 8-3）的填写。

表 8-3　　　　　　　　　　　　　考核评价表

班级		团队名称			学生姓名	
团队成员						
	考评项目	分值	要求	学生自评（30%）	团队互评（30%）	教师评定（40%）
知识能力	对采购谈判过程分析	20 分	分析正确			
	对采购谈判策略分析	20 分	分析正确			
	对采购谈判评估分析	30 分	分析合理			
职业素养	文明礼仪	10 分	形象端庄文明用语			
	团队协作	10 分	相互协作互帮互助			
	工作态度	10 分	严谨认真			
	成绩评定	100 分				
心得体会						

参考答案

牛刀小试

一、单项选择题

1. （ ） 是指企业为采购商品作为买方，与卖方厂商对购销业务有关事项进行反复磋商，谋求达成协议，建立双方都满意的购销关系。

　　A. 采购谈判　　　　B. 采购实施　　　　C. 采购计划　　　　D. 采购合同

2. 采购谈判的程序可分为准备阶段、开局阶段、报价磋商阶段和（ ） 等。

　　A. 评价阶段　　　　B. 成交阶段　　　　C. 沟通阶段　　　　D. 交货阶段

3. （ ） 主要是通过各种渠道调查、掌握所需货物的生产企业情况、工程或提供服务的供应商情况等，如生产企业或供应商的数量、规模、经营、分布情况等。

　　A. 需求分析　　　　B. 生产分析　　　　C. 成本分析　　　　D. 采购分析

4. 在进行采购谈判规划的信息收集时，需要深入了解市场和行业动态，包括供应商的价格、质量、（ ）、售后服务等。

　　A. 交货能力　　　　B. 薪资水平　　　　C. 员工结构　　　　D. 市场规划

5. 采购谈判方案通常包括（ ）、谈判议程、谈判策略、谈判预算。

　　A. 谈判准备　　　　B. 谈判评价　　　　C. 谈判目标　　　　D. 谈判汇报

二、多项选择题

1. 采购谈判涉及（ ）、订购数量、包装要求、售后服务、价格、交货日期与地点、运输方式、付款条件等内容。

　　A. 商品的品种　　　B. 规格　　　　　　C. 技术标准　　　　D. 质量保证

2. 采购谈判方案是指在谈判开始前对（ ） 等所做的安排。

　　A. 谈判目标　　　　B. 议程　　　　　　C. 对策　　　　　　D. 成本

3. 采购谈判目标有（ ） 二个层次。

　　A. 达到目标　　　　B. 中等目标　　　　C. 最高目标　　　　D. 接受目标

4. 要明确采购的谈判目标，就是要明确（ ）、交货期等。

　　A. 商品或服务的种类　　　　　　　　B. 数量

　　C. 质量　　　　　　　　　　　　　　D. 价格

5. 谈判的两种基本策略包括（ ）。

　　A. 妥协性谈判策略　　　　　　　　　B. 推进性谈判策略

　　C. 整合性谈判策略　　　　　　　　　D. 分配性谈判策略

三、判断题

1. 商品的品质、价格、数量和包装等条件是谈判双方磋商的主要交易条件。（ ）

2. 在项目采购过程中，谈判双方焦点主要就价格的高低进行磋商。（　　）

3. 谈判中最重要的议题主要是采购品的品质、数量、价格和运输等问题，这些问题应重点加以讨论。（　　）

4. 谈判采购邀请函一般与用于邀请供应商的邀请函格式相同。（　　）

5. 谈判地点一般是由采购方来确定。（　　）

四、案例分析题

采购谈判案例

巴西一家公司到美国去采购成套设备。巴西谈判小组成员因为上街购物耽误了时间。当他们到达谈判地点时，比预定时间晚了45分钟。美方代表对此极为不满，花了很长时间来指责巴西代表不遵守时间，没有信用，如果老这样下去的话，以后很多工作很难合作，浪费时间就是浪费资源、浪费金钱。对此巴西代表感到理亏，只好不停地向美方代表道歉。谈判开始以后美方代表似乎还对巴西代表来迟一事耿耿于怀，一时间弄得巴西代表手足无措，说话处处被动。无心与美方代表讨价还价，对美方代表提出的许多要求也没有静下心来认真考虑，匆匆忙忙就签订了合同。等到合同签订以后，巴西代表平静下来，头脑不再发热时才发现自己吃了大亏，上了美方代表的当，但已经晚了。

请分析下列问题：

1. 通过上述案例分析巴西方在谈判中的哪些环节没有处理好？

_____

_____

2. 结合案例分析在采购谈判中应该如何做才能维护己方权益？

_____

_____

项目九
采购风险管理
与绩效评估

◎**知识目标**
- 掌握采购风险、采购绩效的定义。
- 了解采购风险的分类、采购风险的管理程序。
- 了解采购的目的、企业采购风险的防范、采购绩效评估的目的。
- 理解采购风险的分散、采购风险的转移。
- 掌握采购绩效评估的标准、采购绩效评估的方法。

※**能力目标**
- 能够对采购的风险进行分类。
- 能够对采购风险管理程序进行梳理。
- 能够对采购风险的分散加以把控。
- 能够对采购的风险进行转移。
- 能够对采购绩效评估的标准进行梳理。

❖**思政目标**
- 培养学生的风险意识、法律意识、勤俭节约意识等。
- 培养学生铸大国重器、成栋梁之材意识,增强学生对民族发展进步的自豪感。
- 培养学生的社会主义核心价值观,增强学生社会责任感。
- 培养学生的劳模精神和工匠精神,增强学生劳动意识。

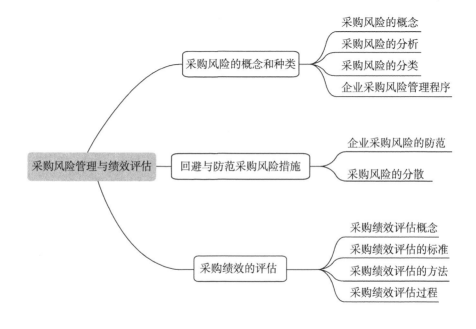

采购风险管理与绩效评估
- 采购风险的概念和种类
  - 采购风险的概念
  - 采购风险的分析
  - 采购风险的分类
  - 企业采购风险管理程序
- 回避与防范采购风险措施
  - 企业采购风险的防范
  - 采购风险的分散
- 采购绩效的评估
  - 采购绩效评估概念
  - 采购绩效评估的标准
  - 采购绩效评估的方法
  - 采购绩效评估过程

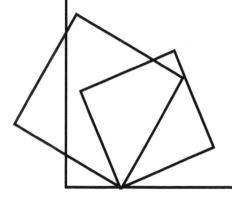

 **岗位分析**

岗位1：绩效主管

岗位职责：协调组织完成公司绩效评价标准的调整，使其更符合不同阶段的要求；调查评价制度实施问题和效果，提供建议解决方案；指导各部门主管开展评价工作，向员工解释各种相关制度性问题；根据绩效评价结果开展对员工的奖惩工作；组织实施绩效评价面谈；协助上级完成其他相关绩效管理工作。

典型工作任务：制定绩效评价标准；确定绩效评价方法；实施绩效评价。

职业素质：具备良好的职业操守，细致、耐心、谨慎、踏实、稳重；具备强烈的敬业精神与责任感，工作原则性强；人际沟通能力、协调能力强，具备良好的团队合作意识。

职业能力：熟悉国家人事政策、法律法规；熟悉各种绩效评价方法；熟悉绩效管理流程；熟练使用相关办公软件。

可持续发展能力：负责与其他部门的沟通和协调工作，以完成采购任务。

岗位2：采购经理

岗位职责：负责供应商的开发，制定相应供应商开发战略，持续优化供应商储备；负责供应商的管理，包括供应商的多渠道选择、分级、分类、评估、考核、现场核查等，保证供应商的稳定性和供应质量。

典型工作任务：供应商开发，供应商管理，绩效评估。

职业素质：具备良好的商品识别、开发和谈判能力；有较强数据分析能力和逻辑思维能力。

职业能力：主持采购部全面工作，定期评估、考核本部门人员业绩及业务素质，定期安排有关采购业务及采购管理技能等方面的培训。

可持续发展能力：性格开朗，擅长跨部门沟通，具有良好的人际关系处理能力。

 项目导读

党的二十大报告指出："健全现代预算制度，优化税制结构，完善财政转移支付体系。深化金融体制改革，建设现代中央银行制度，加强和完善现代金融监管，强化金融稳定保障体系，依法将各类金融活动全部纳入监管，守住不发生系统性风险底线。健全资本市场功能，提高直接融资比重。"

采购是企业运营中不可或缺的环节，而采购过程中存在着各种风险。为了保障企业的利益，采购风险管理显得尤为重要。采购风险管理有助于降低采购成本。在采购过程中，供应商的破产、产品质量问题、价格波动等都可能导致采购成本的增加。通过风险管理，企业可以预测和识别这些潜在风险，并采取相应措施降低或避免这些风险。比如，建立供应商评估机制，选择可靠的供应商；签订合同时明确品质标准和质量保证条款；建立灵活的采购策略，及时应对市场价格波动。通过这些措施，企业可以最大限度地避免采购风险带来的成本增加。

采购风险管理有助于保障供应链的稳定性。供应链是企业的生命线，而采购环节是构建供应链的关键一环。供应商的突然终止合作、原材料供应中断等问题都可能导致供应链的瘫痪，对企业的生产和经营产生严重影响。通过风险管理，企业可以及时发现和处理供应商的变化和问题，进而寻找备用供应商或调整采购策略，保障供应链的稳定性。涉及联合采购的企业还可以通过多元化采购、供应商合作等方式降低采购风险，确保供应链的稳定。

采购风险管理有助于保障产品质量和企业声誉。质量问题可能导致产品召回、客户投诉、品牌形象受损等后果，对企业的利益和声誉造成重大影响。通过风险管理，企业可以从供应商选择、合同签订、质量控制等各个环节严格把关，确保采购的产品质量符合要求。同时，建立供应商绩效考核机制、履约管理机制等，对供应商进行监督和管理，从而提高供应商的质量意识和责任感。通过这些措施，企业可以降低采购风险，提升产品质量和企业声誉。

采购风险管理有助于提升企业竞争力。在全球化和信息化的背景下，市场竞争日益激烈。企业需要及时获取市场信息、掌握市场动态，以及灵活调整采购策略和供应链策略，以满足客户需求。通过风险管理，企业可以建立实时监控和预测机制，及时获取市场信息，把握市场趋势，预测和应对潜在的采购风险。这不仅有助于企业避免风险，还有助于企业把握商机，提前布局，提升竞争力。

综上所述，采购风险管理对企业的重要性不可忽视。通过采购风险管理，企业可以降低采购成本，保障供应链稳定性，保障产品质量和企业声誉，提升企业竞争力。因此，企业应该高度重视采购风险管理，建立相应的风险管理机制和措施，追求持续改进和优化，以实现采购风险管理的目标。

任务一　采购风险的概念和种类

任务描述

某电子公司的采购风险

最近，某电子公司（以下简称"公司"）的采购部门遭遇了一起意外的风险事件。这次风险事件源于采购部门选用的某家供应商出现了质量问题，导致公司产品质量出现严重问题，甚至导致客户的投诉。

采购风险

起初，该供应商给公司提供了价廉物美的产品，采购部门十分信任该供应商。然而，公司突然接到了一些客户的投诉，称他们购买的公司产品存在严重的质量问题，导致他们的业务受到了影响。于是公司立即对该供应商进行了审核，结果发现该供应商存在一些质量问题，特别是在生产过程中使用了一些低劣的原材料，导致公司产品无法达到良好的品质标准。

此次事件给公司带来了严重的损失，影响了公司在市场上的声誉，公司需要花费大量的时间和金钱来解决质量问题。根据调查发现，此次事件的主要原因是供应链管理上存在问题。管理人员对供应商的审核和监控不够严格，没有及时察觉该供应商存在质量问题。此次事件对公司的采购部门敲响了警钟，需要加强供应链管理，提高对供应商的审核和监控，预防采购风险的发生。

为了避免类似的情况再次发生，该公司采取了多种措施。首先，加强对供应商的审核过程，要求供应商提供充分的质量保证信息，并确保供应商具有稳定的生产能力和资金实力。其次，加强对供应商的监控，对供应商的生产过程进行定期检查和抽样检验，在生产过程中及时纠正采购风险。最后，采购部门要加强自身的技能培训和质量管理水平，提高采购链的质量控制和供应商风险防范能力。

采购风险对企业的影响非常大，为了避免采购风险带来的损失，企业应该加强对供应链的管理和监控，提高对供应商的审核和监督能力，这样才能保障企业的长期发展。

要求：请以项目组为单位，认真阅读案例，完成"任务实施"中的问题。

知识链接

❖ **知识点 1：采购风险的概念**

所谓风险，即某一行动的结果有多种可能而且不确定。

企业风险包含两个层面的内容。首先，风险是事件在未来发生的可能性及其后果的综合，包括风险因素、风险事故和风险损失等要素。风险因素是引起或增加风险事故发生的机会或扩大损失幅度的条件，是风险事故发生的潜在原因；风险事故是指造成风险损失的直接原因，意味着风险的可能性转化成了现实；风险损失是风险事故所带来的物质上、行为上、关系上和心理上的实际和潜在的利益丧失。其次，风险与机遇如一枚硬币的两面，二者在数量及性质上成正比例的辩证统一关系，机遇蕴含于得到有效管理的风险之中。企业风险管理，是指企业在充分认识所面临的风险的基础上，采用适当的手段和方法，予以防范、控制和处理，以最小成本确保企业经营目标实现的管理过程。

采购风险是企业所面临的风险之一，指在采购过程中由于各种意外情况的出现，使采购的实际结果与预期目标相偏离的程度和可能性，包括人为风险、经济风险和自然风险。具体来说，如在采购过程中因采购人员工作失误、采购单位管理失控、供应商进行商业欺诈等，造成企业采购政策不合理，采购程序不规范，评标过程不公正，采购成本过大，合同执行中超支出，延期交货，所购入物品及接受的劳务非企业所需、规格不适当、质次价高等。

采购风险是客观存在的，贯穿于采购的全过程。

❖ **知识点2：采购风险的分析**

企业采购风险是多方面的，按来源可分为外因型风险和内因型风险。

1. **企业采购的外因型风险**

（1）意外风险。意外风险是指采购过程中由于自然、经济政策、价格变动等因素所造成的风险。

（2）价格风险。一是由于供应商操纵投标环境，有意抬高价格，使企业采购蒙受损失；二是当企业采购认为价格合理情况下，批量采购该种物资出现跌价而引起采购风险。

（3）采购质量风险。一方面由于供应商提供的物资质量不符合要求，而导致加工产品未达到质量标准，或给用户造成经济、技术、人身安全、企业声誉等方面的损害；另一方面因采购的原材料的质量有问题，直接影响到企业产品的整体质量、制造加工与交货期，降低企业信誉和产品竞争力。

（4）技术进步风险。一是企业制造的产品由于社会技术进步引起贬值、无形损耗甚至被淘汰，已采购原材料的积压或者因质量不符合要求而造成损失；二是由于新项目开发周期缩短，如计算机新机型不断出现，更新周期愈来愈短，刚刚购进了大批计算机设备，但因信息技术发展，所采购的设备已经被淘汰或使用效率低下。

（5）合同欺诈风险。一是以虚假的合同主体身份与他人订立合同，以伪造、假冒、作废的票据或其他虚假的产权证明作为合同担保；二是接受对方当事人给付的货款、预付款，担保财产后逃之夭夭；三是签订空头合同，而供货方本身是"皮包公司"，将骗来的合同转手倒卖，从中谋利，而所需的物资则无法保证；四是供应商设置合同陷阱，如供应商无故中止合同、违反合同规定等都会造成损失。

2. 企业采购的内因型风险

（1）计划风险。因市场需求发生变动，影响到采购计划的准确性；采购计划管理技术不适当或不科学，与目标发生较大偏离，导致采购中存在计划风险。

（2）合同风险。一是合同条款模糊不清，盲目签约，违约责任约束简化，口头协议，君子协定；鉴证、公证合同比例过低等。二是合同行为不正当。卖方为了改变在市场竞争中的不利地位，往往采取不正当手段，套取企业采购标底；个别采购人员为了个人利益，牺牲企业利益，不能严格按规定签约。三是合同日常管理混乱。

（3）验收风险。在数量上缺斤少两；在质量上以次充好；在品种规格上货不对路，不合规定要求等。

（4）存量风险。一是采购量不能及时供应生产之需要，生产中断造成缺货损失而引发的风险。二是物资过多，造成积压，大量资金被固定在库存中，失去了这些资金可能带来的机会利润，增加了存储损耗风险。三是物资采购时对市场行情估计不准，盲目进货，造成价格风险。

（5）责任风险。许多风险归根结底是一种人为风险，主要体现为责任风险。例如，在合同签约过程中，由于工作人员责任心不强未能把好合同关，造成合同纠纷。

✤ 知识点 3：采购风险的分类

企业采购的风险是多方面的，按来源可分为以下 6 个方面。

1. 供应商造成的风险

供应商可能无法按时交货、提供的产品或服务质量不符合要求、存在违约行为等，这些都会给企业的正常运营带来风险。例如，有的供应商盲目追求利润，在物品的质量、数量上做文章，以劣充优、降低质量标准、减少数量，给采购企业带来风险。

2. 企业采购人员造成的风险

（1）工作技能风险。采购人员由于本身专业技能的局限，可能会给企业造成损失。例如，因对财务结算不精通导致付款失误造成的风险。

（2）技术资源风险。采购人员即使在工作中并无行为上的过错，但仍有可能承担由技术资源缺乏而带来的风险。例如，购入的汽车等物品在验收时可能无法发现其存在的质量问题。

（3）行为责任风险。采购人员违反了规定的职责义务，并造成直接经济损失，就可能因此承担相应的责任。

（4）职业道德风险。个别采购人员不遵守职业道德，在采购中暗箱操作，损害企业利益。

3. 企业采购管理失控的风险

对采购市场行情动态了解不够，会导致信息不畅；对所购物料的价格、性能、规格等

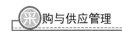

要素纵横比较不全面，会导致以较高的价格进行采购的风险；另外，采购项目论证不充分、不科学的风险，表现在以下 4 个方面。

（1）如果企业选购物品的各项技术参数是随意让非专业人员制定的，则会造成采购物品过时或不适合企业需要。

（2）企业管理部门审核计划时考虑资金不够，压缩关键技术参数，忽视专家和供应商的合理建议。

（3）对采购项目论证缺乏先进的技术检测等多种手段，无法进行综合长远评估，造成采购项目还没有完工就已经过时。

（4）采购盲目攀比、超前消费，购买商品要最好的、最高档的，配置要齐全的，一味追求高、精、尖、时尚性、品牌性，造成采购支出超过计划的风险。

4. 企业在采购过程中操作不当的风险

（1）招标、投标过程风险。例如，招标、投标信息不够公开，招标方式选择不合理，招标文件中存在缺陷，资格预审把关不严格致使不合格供应商中标，出现损害企业利益或者他人合法权益的风险等。

（2）评标、定标风险。例如，没有回避与投标人有利害关系的人进入采购项目的评标委员会，评标委员会成员没有客观、公正地履行职务等，从而出现损害企业利益的风险。

（3）签订合同过程中的风险。例如，合同文件前后矛盾和用词不严谨，导致双方对合同条款的不同理解，形成因遗漏一些重要条款而导致的风险等。

5. 法律风险

采购在我国国民经济发展中的地位非常重要，国家制定了包括《中华人民共和国政府采购法》等在内的大量的法律、法规和规章，不断加强对采购方面的监管。如果企业在采购过程中违规操作，将会受到严厉的处罚。

6. 政治变动和自然灾害影响企业采购的风险

政治变动风险是指由国际、国内政治环境变化带来的不确定性影响企业采购的风险，如战争等。自然灾害是指来自大自然的破坏，如台风、地震等。自然灾害造成交通系统瘫痪，致使物品难以运输，不能够及时送达；或者破坏生产，使企业无法生产急需的物品。

✤ 知识点 4：企业采购风险管理程序

采购风险管理可分为 4 个阶段。

1. 风险识别

对企业或供应链面临的潜在各种风险进行归类分析，从而加以认识和辨别。即确定何种风险可能会对企业产生影响，并以明确的文字描述这些风险及其特性。

风险识别是一个反复进行的过程，应尽可能地全面识别企业可能面临的风险。对风险进行分类和归纳是风险识别中常用的方法。风险分类应当反映出企业所属行业或应用领域内常见的风险来源，如技术方面的风险、时间安排方面的风险及财务方面的风险等。检查表是风险识别中非常有效的工具。根据积累的风险数据和信息，特别是企业在风险管理过程中形成的数据，集合风险管理知识库，可以较为完整地开发和编制企业风险检查表。使用检查表的好处是提高了风险识别过程的效率。特别是企业进行大量类似项目时，完全可以开发一套通用的风险检查表，以提高风险识别过程的速度。

2. 风险分析

风险分析，即评估已识别风险可能的后果及影响的过程。风险分析可以选择定性分析或定量分析方法，进一步确定已识别风险对企业的影响，并根据其影响对风险进行排序，确定关键风险项，并指导风险应对计划的制订。

风险指数体系是一个有效的风险分析模型，主要用于表征整个企业的风险程度。该体系根据风险识别和风险分析的结果，运用数学模型计算得到一组量化的风险指数，从而实现对企业风险的量化反映及横向校核，并监控风险管理的绩效。

3. 风险应对

风险应对，即针对企业面临的风险，开发、制订风险应对计划并组织必要的资源着手实施，目的是有效控制风险，避免风险失控演变为危机。风险应对计划包括企业当前及未来面临的主要风险类别，针对各类风险的主要应对措施，每个措施的操作规程，包括所需的资源、完成时间及进行状态等。风险应对计划形成之后，企业应通过风险管理体系确保计划启动时所必需的人力、物力等资源。

4. 风险监控

风险监控，即在风险管理全过程中，跟踪已识别的风险，监控残余风险及识别新的风险，确保风险应对计划的执行，评估风险应对措施对减低风险的有效性，并形成风险监控报告。风险监控是企业风险管理生命周期中一种持续的过程，在企业经营过程中，风险不断变化，可能会有新风险出现，也可能有预期风险消失。

采购风险可以通过以下方法予以管理。

（1）风险转移。利用投保、支付保费的方式将风险转嫁给保险公司，也可以通过部分非核心业务外包的方式将风险转移至其他企业。

（2）风险自留。利用一些企业内部资源承担损失，自己承担部分或全部损失。

（3）损失融资。利用金融衍生工具对风险进行对冲，如对冲由于利率、价格、汇率变化带来的损失。

（4）风险控制。通过加强企业内部管理来规避、降低经营风险。

任务实施

阅读"任务描述",回答以下问题。

1. 对于该电子公司而言,采购的风险属于内因型风险还是外因型风险,为什么?

_____

_____

_____

2. 如何对该电子公司的采购风险进行分类?

_____

_____

_____

3. 该电子公司的采购风险管理程序如何?

_____

_____

_____

4. 各组派 1 名代表上台进行分享。

任务评价

在完成上述任务后,教师组织三方评价,并对学生任务执行情况进行点评。学生完成考核评价表(见表9-1)的填写。

表 9-1　　　　　　　　　　　　考核评价表

班级			团队名称			学生姓名	
团队成员							
考评项目			分值	要求	学生自评（30%）	团队互评（30%）	教师评定（40%）
知识能力	对采购的风险分析		20分	分析正确			
	对采购的风险分类分析		20分	分析正确			
	对采购的风险管理程序分析		30分	分析合理			
职业素养	文明礼仪		10分	形象端庄文明用语			
	团队协作		10分	相互协作互帮互助			
	工作态度		10分	严谨认真			
成绩评定			100分				
心得体会							

任务二　回避与防范采购风险措施

任务描述

飞达自行车采购风险防范

近两年，飞达自行车有限公司看好电动自行车的市场前景，积极开发了飞跃牌电动自行车产品并推向了市场。最近一段时间以来，公司客服部经常接到各商场及卖点转来的投诉记录。例如，河南的消费者王先生是做建筑工程设计的，每天奔波于各个工地之间，为了节约时间，他购买了该品牌充满电能行驶 80 千米的电动自行车。但很快他就发现，自己的电动自行车充满电最多只能跑 40 千米，经常是早上骑着车出门，晚上推着车回

防范采购
风险

家。更让王先生气愤的是，自己朋友的电动车电池容量和自己的是一样的，充满电却能跑 70 多千米。公司客服人员通过技术人员做出的回复和解释是"车型不同，耗电量也不同"。但消费者王先生对此解释并不满意。

据客服部门统计，目前，对该品牌电动自行车的投诉主要集中在电池充电不足、用不了多久就无法充电等问题上，电池寿命长短已经成为消费者衡量电动车质量优劣的主要因素。但对容易出现故障的其他零件（如电机、电机线、控制器等）的投诉较少。

对此，公司产品研发和技术部门组织力量进行专项调查。一般来说，电动自行车的电池必须由专业的电池生产厂生产，但是不同品牌、不同厂家生产的电池质量参差不齐，价格也有高低之分。一些厂家打起了价格战，在生产环节中偷工减料，采用低价购进的劣质原料生产电池。对此，公司产品研发和技术部门组织力量进行专项调查。

要求：请以项目组为单位，认真阅读案例，完成"任务实施"中的问题。

知识链接

✤ 知识点 1：企业采购风险的防范

企业采购风险的防范措施是确保企业采购活动顺利进行的关键环节。

1. 建立与完善采购风险管理机制

建立健全内部制度与程序：加强对员工尤其是采购业务人员的培训和教育，增强其法律观念和职业道德意识，培养企业团队精神，增强企业内部的风险防范能力。

引入专业化的采购管理软件：如采用金蝶采购管理软件，对采购的每个环节进行严密的跟踪与管理，提高采购活动的透明度和可控性。

2. 严格供应商管理

审查供应商资质：在采购前对供应商进行严格的资质审查和背景调查，包括信用记录、经营能力、产品质量、工艺水平等信息。

供应商定期评估：每年对供应商进行一次复审评定，确保其持续符合企业的采购要求。

多元化供应商选择：减少对个别供应商的过分依赖，采用备选方案及备选供应商，分散采购风险。

3. 加强合同管理

制定明确的采购合同：明确双方权责、质量标准、交货期限、赔偿责任等内容，确保合同的合法性和有效性。

合同条款审查：在签订合同前，对合同条款进行全面审查，避免内容违法、当事人主体不合格或超越经营范围等问题。

合同执行监督：对合同执行过程进行全程监督，确保供应商按照合同要求提供产品或服务。

4. 强化采购过程监控

采购环节全程监控：从计划、审批、询价、招标、签约、验收、核算、付款和领用等所有环节进行全程监控，确保采购活动的合规性和有效性。

关键控制点监督：重点对计划制订、签订合同、质量验收和结账付款四个关键控制点进行监督，防止弄虚作假和违规行为。

5. 利用市场信息和数据

关注市场动态：及时了解原材料价格、市场需求等的变化趋势，为采购决策提供有力支持。

签订长期合同或使用价格锁定机制：与供应商签订长期合同或使用价格锁定机制，减少价格波动对企业的影响。

6. 加强法律合规性

遵守相关法律法规：确保采购活动符合反垄断法、质量标准法等法律法规的要求。

建立法律风险防控机制：对采购过程中可能涉及的法律风险进行识别、评估和控制，确保企业的合法权益不受侵害。

❖ 知识点 2：采购风险的分散

分散是处理风险的一种目标导向方法，企业通过设置分散的方法来减少供应风险产生的不利影响而不是减少不利事件发生的可能性。具体来讲，分散导向管理方法包括以下三个方面。

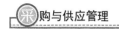

1. 存货管理

存货管理即企业对自己本身所拥有的存货进行必要和有效的管理。其关键是维持一个适当水平的安全存货。对存货进行管理能够有效减缓供应风险的不利影响。

2. 供应商代管存货

企业分散供应风险可以通过要求供应商代管存货的方式来实现。把存货交由供应商代管就是要求供应商承担保管存货的责任。选择由供应商代管存货有可能是由于企业没有自己的仓库或者仓库空间不够又或者是将货物由供应商代管所需成本较低。当然，供应商花在代管存货上的成本将以更高价格的形式转嫁到采购企业身上。

3. 多源供应商

使用多个可供选择的供应商可以分散供应风险。之所以要使用多源供应商是因为使用单一供应商会出现过度控制、潜在的投机主义及技术革新的缺乏等不利情况。

相反，多源供应商的使用通常可以创造一个更具有竞争力的供应环境，以及减少由供应中断和价格逐步上涨所带来的风险。

任务实施

阅读"任务描述"，回答以下问题。

1. 对于飞达自行车有限公司而言，采购的目的是什么？

_____

_____

2. 你觉得飞达自行车有限公司的企业采购风险如何防范？

_____

_____

3. 你觉得飞达自行车有限公司采购风险分散的途径有哪些？

_____

_____

4. 各组派1名代表上台进行分享。

任务评价

在完成上述任务后，教师组织三方评价，并对学生任务执行情况进行点评。学生完成考核评价表（见表9-2）的填写。

表9-2　　　　　　　　　　　　考核评价表

班级			团队名称			学生姓名	
团队成员							
考评项目			分值	要求	学生自评 （30%）	团队互评 （30%）	教师评定 （40%）
知识能力		对采购的目的分析	20分	分析正确			
		对企业采购风险的 防范分析	20分	分析正确			
		对采购风险的分散和 集中分析	30分	分析合理			
职业素养		文明礼仪	10分	形象端庄 文明用语			
		团队协作	10分	相互协作 互帮互助			
		工作态度	10分	严谨认真			
成绩评定			100分				
心得体会							

任务三　采购绩效的评估

任务描述

制造企业的采购绩效评估

（1）企业背景。一家大型制造企业，涉及多个领域的生产与销售，采购物料种类繁多，供应商数量庞大。

（2）采购现状。该企业采购流程相对成熟，但缺乏对采购绩效的全面评估，导致采购成本高、供应商管理不善等问题。

（3）目标确定。明确评估目标是降低采购成本、提高供应商管理水平、优化采购流程等。

采购绩效评估

（4）指标筛选。通过文献研究、专家咨询等方法，筛选出能够反映采购绩效的关键指标，如采购成本、供应商交货期、物料质量等。

（5）权重分配。采用层次分析法等方法，确定各指标的权重，以反映不同指标对采购绩效的影响程度。

（6）数据收集。制订数据收集计划，明确数据来源、收集方式、数据格式等，确保数据的准确性和完整性。

（7）数据处理。对收集到的数据进行清洗、整理、转换等处理，以满足评估分析的需要。

（8）评估分析。采用定性和定量分析方法，对处理后的数据进行深入分析，得出各项指标的评估结果。

（9）结果呈现。将评估结果以图表、报告等形式呈现出来，便于决策者直观了解采购绩效情况。

（10）结果反馈。将评估结果反馈给相关部门和人员，帮助他们了解采购绩效现状及存在的问题。

（11）原因分析。针对评估结果中反映出的问题，进行深入的原因分析，找出问题的根源。

（12）改进措施。根据原因分析的结果，制定相应的改进措施，如优化采购流程、加强供应商管理等。

（13）持续改进。定期对采购绩效进行评估，及时反馈评估结果并采取相应的改进措施，实现采购绩效的持续改进。

要求：请以项目组为单位，认真阅读案例，完成"任务实施"中的问题。

知识链接

❖ 知识点 1：采购绩效评估概念

1. 采购绩效的概念

绩效是指完成某件事的效益和业绩。采购绩效就是指采购效益和采购业绩。采购绩效是通过采购流程各个环节的工作能够实现预定目标的程度。采购绩效评估是对采购工作进行全面系统地评价、对比，从而判定采购所处整体水平的做法。

2. 采购绩效评估的目的

当完成一项工作后，如果不对之进行有效评估，就不会找到现在工作的不足，也不会为将来的工作提供借鉴。

通过采购绩效评估可以达到以下目的。

（1）可以有效地保证采购目标的实现。各个企业的采购目标不同，有的企业如政府和国有企业，采购偏重于"防弊"，采购目标是要按期、按质、按量；而有的企业如民营企业，采购目标则注重"兴利"，采购工作除了维持正常的产销活动，非常注重产销成本的降低。因此，各个企业需要针对采购单位所追求的主要目标加以评估，并督促目标的实现。

（2）可以提供改进绩效的依据。企业实行的绩效评估制度，可以提供客观的标准来衡量采购目标是否达成，也可以确定采购部门目前的工作绩效如何。合理的绩效评估，有助于找出采购工作的缺陷所在，从而据此拟订改善措施。采购绩效的评估可以产生更好的决策，因为它能够通过分析计划实施后的实际结果来识别和理解差异。

（3）可以作为个人或部门奖惩的参考。良好的绩效评估方法，能将采购部门的绩效独立于其他部门体现出来，并反映采购人员的个人表现，成为各种人事考核的参考资料。依据客观的绩效评估，达成公正的奖惩，可以有效地调动采购人员的积极性和开拓性，发挥团队合作精神，进一步提高整个部门的效能。

（4）可以为甄选和培养优秀采购人员提供依据。根据绩效评估结果，可以针对现有采购人员的工作能力，拟订培养计划，有针对性地进行专业性的教育训练，有的放矢地招募人才，建立一支优秀的采购队伍。

（5）促进各部门间的沟通与合作。采购部门的绩效受其他部门配合程度的影响很大。因此，采购部门的职责是否明确，表单、流程是否简单、合理，付款条件及交货方式是否符合企业管理规章制，各部门的目标是否一致等，都可以通过绩效评估予以判定，并可以改善部门之间的合作关系，提高企业整体运作效率。

（6）提高采购人员的士气。有效而且公平的绩效评估制度，可以使采购人员的努力成果获得反馈和认可。采购人员通过绩效评估，可以与业务人员或财务人员一样，显示出对

公司利润的贡献，成为受到肯定的工作伙伴。由此看出，采购绩效评估不仅对采购工作，还对企业整体运作和效益有着不可忽视的影响。

（7）增强业务的透明度。定期报告计划的内容和实际执行的结果，可以使客户能够核实他们的意见是否被采纳，这可以向客户提供建设性的反馈意见；并且，通过向管理部门提供个人和部门的业绩，可以有效增强采购部门的认可程度。

✤ 知识点2：采购绩效评估的标准

采购绩效评估的标准通常涉及以下几个关键维度。

1. 采购任务及质量

这个维度关注采购计划的完成情况，如采购计划达成率、到货交货率和质量合格率等。这些指标反映了采购部门是否能够及时、准确地完成采购任务，并保证所采购商品或服务的质量满足要求。

2. 采购成本控制

采购成本控制是衡量采购绩效的重要方面，主要通过成本达成率和相关费用控制率来体现。它直接关系到企业的成本节约和利润水平。

3. 采购效果和效率

从采购效果上来说，主要看采购流程各环节是否能实现预定目标，如价格与成本控制、货物质量和物流等方面。而采购效率则涉及采购部门的工作能力，包括处理订单的速度和响应市场变化的能力。

4. 时间绩效

时间管理对于采购同样重要，延迟或提前交货都会给企业带来额外的成本。因此，如何准确控制采购周期和应对紧急采购情况也是评估的关键部分。

综上所述，采购绩效评估的标准是多方面的，不仅包括具体的任务完成质量和成本控制，还涵盖整个采购流程的效率和对人员素质的考量。通过这些标准可以全面地评价采购部门的表现，进而推动采购活动的持续改进和企业战略目标的实现。

✤ 知识点3：采购绩效评估的方法

1. 最佳实践

最佳实践（Best Practices）源于施乐公司的创新，实际上就是以头号对手为学习对象。标杆法（Benchmarking）就是将那些出类拔萃的企业作为企业的测定基准或标杆，以他们为学习的对象，迎头赶上，进而超越。最佳实践可以为企业提供标杆或样板，利用最佳实践企业的标杆指标作为行业实践效果的测评基准值，是现实的、直观的和生动的。

最佳实践的具体做法可以采取以下步骤。

（1）现状评估

使用最佳实践及其指标基准检测表来改善企业业绩的过程从评估企业现状开始。许多企业选择他们最关心的问题来开始这个评估过程。如果企业的计划和控制系统存在的问题很多，则可首先只关注这一领域，最后再对企业进行一个全面的评估。

（2）确立目标

下一个重要的步骤是根据评估的结果建立企业的目标项目，确定企业要在哪些领域得到改善，该目标项目最佳实践的指标值要达到什么样的标准，要完成哪些任务，谁来负责及计划何时完成等。

（3）根据公司最紧迫的需要剪裁基准检测表

有些企业同时进行多个领域中的改进工作，有些企业则采取一步一步进行的方式，通常的做法是从某一项企业功能开始。但是，竞争的市场环境常使企业不能够等待按部就班地逐步实现这些新的竞争工具，所以，许多企业采取同时实现几项企业功能改进的做法，例如计划和控制、全面质量管理以及不断改进的过程。当然，这样做对于企业管理变化的能力以及企业的资源均是一个挑战。

（4）制订行动计划

在建立了目标、确定了所要完成的工作和有关人员的职责之后，则应制订实施计划，指明如何达到目标、如何改进达到目标的能力、如何完成任务等。

（5）高层领导每月进行检查

企业高层领导每月应进行一次检查。目的在于检查项目的进展情况、所取得的成绩及存在的问题。在高层领导进行检查时，以下问题都是应当考虑的：是否已达到了预定的目标？如果未达到预定目标，那么原因是什么？应当做哪些工作才能使实施过程回到计划的轨道？必须排除哪些障碍或解决哪些问题才能继续执行计划？

2. 平衡计分卡

简单说，平衡计分卡（Balanced Score Card）是一套用于衡量评价与企业战略经营有关要素的财务与非财务指标体系，是一种绩效管理工具。

平衡计分卡是一套能使组织澄清其愿景和战略，并将其转化为具体行动的管理系统。它提供给企业的领导者内部流程和外部成果的反馈，使持续改进战略绩效成为可能。平衡计分卡讲求的是从财务、顾客、内部运作流程与人员学习四个方面，全面地、彻底地推行量化绩效考评，并为四个基本的问题从财务、顾客、内部经营及学习与成长这几个方面提供了答案：顾客如何看待我们（顾客方面）？我们必须擅长什么（内部经营）？我们如何满足股东（财务方面）？我们能否继续提高并创造价值（创新和学习方面）？

平衡计分卡应用领域十分广泛，既有服务供应商，也有生产制造商；既有传统的金融服务企业，也有高科技企业。平衡计分卡引入中国后受到国内一些学者、专家、企业界人士的重视。据统计，目前国内约有23%的公司机构正在导入平衡计分卡，虽然相对于先进国家过半公司采用平衡计分卡作为企业经营的经常性管理工具，国内还属于推广启蒙阶段。

使用平衡计分卡进行绩效管理的真正目的：

（1）能把企业的经营目标转化为详尽的、可测量的标准。

（2）能将企业宏观的营运目标细化为员工的具体工作职责。

（3）能用量化的指标追踪跨部门的、跨时段的绩效变化。

（4）能帮助管理人员及时发现问题，分析实际绩效表现达不到预期目标的原因。

（5）对企业的关键能力和不足之处做到一目了然。

之所以称此方法为平衡计分卡，是因为这种方法通过财务与非财务考核手段之间的相互补充"平衡"，不仅使绩效考核的地位上升到组织的战略层面，使之成为组织战略的实施工具，还在定量评价与定性评价之间、客观评价与主观评价之间、指标的前馈指导与后馈控制之间、组织的短期增长与长期发展之间、组织的各个利益相关者的期望之间寻求"平衡"的基础上完成绩效考核与战略实施。

> 例：某公司通过平衡计分卡的绩效管理，对供应商提供的原材料、零部件、企业内部产品的质量控制得到加强，提供给顾客产品的售后服务得到改进，增加了企业的收入，使企业的战略目标更快、更好地实现，企业发展得更加强大。实施平衡计分卡绩效管理前后的内、外部质量损失成本对比如下表所示。

实施平衡计分卡绩效管理前后的内、外部质量损失成本对比（万元）

	改进前	改进后	减少损失
外部质量损失	121.70	32.11	89.59
内部质量损失	2.42	0.87	1.55
总质量损失	124.12	32.98	91.14
净损失	80.47	11.36	69.11

✤ 知识点 4：采购绩效评估过程

制定了采购绩效衡量与评估的指标体系，确立了采购绩效衡量与评估的标准，接下来就是要做好评估工作。对采购绩效进行评估必须按照一定的要求和流程，组织相关人员，选择一定的方式，按照评估指标和标准，公正、公平、公开地开展工作。

1. 采购绩效评估的基本要求

关于采购绩效评估的基本要求，美国采购专家威尔兹进行了一定的研究，并提出了几点要求，值得我们在工作中借鉴。

（1）采购主管必须具备对采购人员工作绩效进行评估的能力。

（2）采购绩效评估必须遵循几个基本原则：①持续性原则，绩效评估必须持续进行，要定期查看目标达成的程度，当采购人员知道会被评估绩效，自然能够致力于绩效的提升；②整体性原则，必须从企业整体目标的观点出发来进行绩效评估；③开放性原则，评估时，不但要衡量绩效，也要检讨外来因素所产生的影响。

2. 采购绩效评估的流程

采购绩效衡量与评估是对采购工作进行全面系统的评价、对比，从而判定采购所处整体水平的一种做法，可通过自我评估、内审、管理评审等方式进行。评估审核一般依据事先制定的审核评估标准或表格，对照本企业的实际采购情况逐项检查打分。

（1）制定目标。参照企业战略、经营计划、工作目标、上次采购绩效评价或采购绩效目标、关键工作、最新工作描述、职位说明等制定目标。

（2）进行沟通。参与各方面进行有效的、持续的正式的和非正式的评估沟通。

（3）保持记录。观察绩效表现，搜集绩效数据，将任何采购绩效的痕迹、印象、影响、证据事实完整地记录下来，并做成文档。

（4）评估。通过检查、测评、绩效考核、绩效会议等进行对比、分析、诊断、评估。

（5）识别。识别在各个领域中的缺点和优点。

3. 采购绩效评估的人员和方式

（1）采购绩效评估人员

评估人员的选择与评估的目标有着密切的联系，要选择最了解采购工作情况的人员与评估目标实现关联最紧密的部门参与评估。

通常选择以下几类部门和人员参与评估。

①采购部门主管。采购部门主管是对所管辖的采购人员实施绩效评估的第一人。由于采购部门主管对管辖的采购人员很熟悉，而且采购人员所有工作任务的绩效评估都在采购部门主管的直接监督之下，所以，由采购主管负责的评估，可以注意采购人员的个别表现，并达到监督与训练的效果。但应考虑采购部门主管进行评估可能包含的一些个人感情因素，而使评估结果出现偏差。

②会计部门或财务部门。会计部门或财务部门不但掌握公司产销成本数据，而且对资金的取得与支出也进行全盘管理，因此应该参与对采购部门工作绩效的评估。

③工程部门或生产管制部门。如果采购项目的质量和数量对企业的最终产出影响重大，那么这种情况下可以由工程或生产管理人员评估采购部门的绩效。

④供应商。有些企业通过正式或非正式渠道，向供应商咨询他们对于公司采购部门或采购人员的意见，以间接了解采购作业的绩效和采购人员的素质。

⑤外界的专家或管理顾问。为避免公司各部门之间的本位主义或门户之见，企业也可以特别聘请外界的采购专家或管理顾问，针对全盘的采购制度、组织、人员及工作绩效，做出客观的分析和评估。

（2）采购绩效评估方式

采购人员工作绩效的评估，可以分为定期和不定期两种评估方式。

①定期评估。定期评估是配合企业年度人事考核制度进行的。一般而言，以人的表

现，比如工作态度、学习能力、协调能力、忠诚程度等为评估的主要内容，对采购人员的激励和工作绩效的提升作用不大。

②不定期评估。不定期绩效评估是以专案的方式进行的。比如企业要求某项特定产品的采购成本降低 10%，当设定期限一到，评估实际的成果是否高于或低于 10%，并就此成果给予采购人员适当的奖励。此种评估方法对采购人员的士气有巨大的提升作用。不定期的绩效评估方式特别适用于新产品开发计划、资本支出预算、成本降低的专案。

任务实施

阅读"任务描述"，回答以下问题。

1. 对于制造企业而言，采购绩效管理的作用是什么？

_____

_____

_____

2. 你觉得制造企业采购绩效评估的标准是什么？

_____

_____

_____

3. 你觉得制造企业采购评估的过程是什么样的？

_____

_____

_____

4. 各组派 1 名代表上台进行分享。

任务评价

在完成上述任务后，教师组织二方评价，并对学生任务执行情况进行点评。学生完成考核评价表（见表 9-3）的填写。

表9-3　　　　　　　　　　　　　　考核评价表

班级		团队名称		学生姓名	
团队成员					

考评项目		分值	要求	学生自评（30%）	团队互评（30%）	教师评定（40%）
知识能力	对采购绩效管理的作用分析	20分	分析正确			
	对采购绩效评估的标准分析	20分	分析正确			
	对采购评估的过程分析	30分	分析合理			
职业素养	文明礼仪	10分	形象端庄文明用语			
	团队协作	10分	相互协作互帮互助			
	工作态度	10分	严谨认真			
成绩评定		100分				
心得体会						

参考答案

一、单项选择题

1. 以下（　　）不是采购外因型风险。

A. 意外风险　　　　　　　　　　B. 价格风险

C. 计划风险　　　　　　　　　　D. 采购质量风险

2. 以下（　　）不是企业采购人员造成的风险。

A. 工作技能风险　　　　　　　　B. 存量风险

C. 行为责任风险　　　　　　　　D. 技术资源风险

3. 采购风险管理的阶段不包括（　　）。

A. 风险识别　　　　　　　　　　B. 风险分析

C. 风险应对　　　　　　　　　　D. 风险预防

二、多项选择题

1. 采购风险可以通过以下（　　　）方法予以管理。

A. 风险转移　　　　　　　　　　B. 风险自留

C. 损失融资　　　　　　　　　　D. 风险控制

2. 分散导向管理方法包括的措施有（　　　）。

A. 存货管理　　　　　　　　　　B. 储配管理

C. 供应商代管存货　　　　　　　D. 多源供应商

3. 采购绩效评估的标准有（　　　）。

A. 采购任务及质量　　　　　　　B. 采购成本控制

C. 采购数量　　　　　　　　　　D. 采购效果和效率

三、判断题

1. 意外风险是因市场需求发生变动，影响到采购计划的准确性；采购计划管理技术不适当或不科学，与目标发生较大偏离，导致采购中计划风险。（　　　）

2. 技术资源风险是采购人员由于本身专业技能的局限，可能会给企业造成损失。例如，因对财务结算不精通，付款失误造成的风险。（　　　）

3. 风险识别是一个反复进行的过程，应尽可能地全面识别企业可能面临的风险。（　　　）

4. 风险指数体系是一个有效的风险分析模型，主要用于表征整个企业的风险程度。（　　　）

5. 风险转移是利用投保、支付保费的方式将风险转嫁给保险公司，也可以通过部分非核心业务外包的方式将风险转移至其他企业。（　　　）

四、案例分析题

采购风险案例分析

某公司在采购某种原材料时，选择了一家新的供应商，双方签订了长期合作协议。然而，在合作的初期，供应商突然宣布破产倒闭，导致公司急需的原材料无法供应。

为了应对这种风险，公司可以采取以下措施。

1. 建立供应商审查制度，评估供应商的财务状况、信誉和稳定性。可以委托专业机构进行供应商评估，确保选择可靠的供应商。

2. 建立多元化的供应链，与多家供应商建立合作关系。这样可以避免依赖某一家供应商，一旦其中一家出现问题，可以及时切换至其他供应商。

3. 定期监控供应商的经营状况，及时了解其财务健康状况和经营风险。如果发现供应商出现问题，可以及时采取措施，如寻找替代供应商或备货。

请结合采购风险管理与绩效评估内容，对本案例中所采取的措施，谈谈你的看法？